تريندز للبحوث والاستشارات
TRENDS RESEARCH & ADVISORY

خطر جماعة الإخوان المسلمين في أوروبا
استراتيجية التغلغل، وأدوات التمويل، وإجراءات المواجهة

فتوح هيكل

أشرف العيسوي

وائل صالح

خالد عبدالحميد

اتجاهات حول الإسلام السياسي (3)

يوليو 2021

الفهرس

ملخص تنفيذي

تنطلق مساعي جماعة الإخوان المسلمين للتغلغل في المجتمعات الأوروبية من استراتيجية مدروسة، تعتمد فيها على مجموعة متنوعة من الأدوات؛ من بينها الأداة الدينية، والأداة الإعلامية، والمنصات الرقمية، والتطبيقات الإلكترونية. كما تعتمد الجماعة في تمويل أنشطتها هناك على عدد من المصادر بعضها قانوني وبعضها الآخر غير قانوني؛ كغسل الأموال والاتجار في العملات، التي من الصعب تتبعها ومعرفة مصادرها.

وتلعب تركيا دوراً مهماً في دعم جماعة الإخوان المسلمين في مختلف الدول الأوروبية بهدف استخدام الجماعة في تحقيق مصالحها الخاصة. وكان صعود حزب العدالة والتنمية إلى الحكم عام 2002 فارقاً في هذا الدعم، حيث تحولت البلاد إلى قاعدة تنطلق منها الجماعة إلى أنحاء أوروبا كلها.

ومع تنامي نزعات التطرف والإرهاب داخل القارة الأوروبية، وتزايد التدقيق في أنشطة جماعة الإخوان المسلمين، بدأنا ما نشهد ما يمكن أن نصفه بـ «انتفاضة أوروبية» في مواجهة الجماعة، حيث اتخذت بعض الدول الأوروبية عدداً من الإجراءات التي تستهدف تشديد الرقابة على أنشطتها وعلى الجهات والمؤسسات التابعة لها، لكن أياً من هذه الدول لم يصل إلى حظر الجماعة نهائياً، كما أن هذه الإجراءات جاءت فردية وليست ضمن نطاق تحرك أوروبي مشترك، وهو ما يقلل من فاعليتها.

وهناك مجموعة من الإجراءات التي يمكن اتخاذها لمواجهة جماعة الإخوان في دول أوروبا؛ مثل توضيح مدى خطورة الخطاب الإخواني على هذه الدول، ومحاصرة مصادر تمويل الجماعة وتجفيفها، وتأسيس لوبيات تضغط على الحكومات الأوروبية لتبني المزيد من الإجراءات التي تستهدف تقييد أنشطتهم.

خطر جماعة الإخوان المسلمين في أوروبا

استراتيجية التغلغل، وأدوات التمويل، وإجراءات المواجهة

مقدمة

تشكل أوروبا إحدى الدوائر المهمة لجماعة الإخوان المسلمين، بالنظر لما تتيحه من فرص متنوعة، تسعى الجماعة لتوظيفها لخدمة مشروعها السياسي والأيديولوجي؛ ولهذا حرصت على التغلغل منذ وقت مبكر في المجتمعات الأوروبية من خلال العديد من الأدوات السياسية والاقتصادية والإعلامية والخيرية والاتصالية. وعملت الجماعة على بناء مجتمعات موازية في الدول الأوروبية، باعتبارها تمهد للقبول بها وبأيديولوجيتها وأهدافها التي تبدو في ظاهرها دعوية وخيرية، ولكنها في الحقيقة ذات أهداف سياسية واضحة؛ وليس أدل على ذلك من تنامي حالة القلق في العديد من الدول الأوروبية من طبيعة أنشطة الجماعة؛ ما أدى إلى تحرك هذه الدول لتحجيم نفوذها والحيلولة دون تهديدها للقيم الأوروبية التي تؤمن بالانفتاح والحوار والتعايش.

وتسعى هذه الدراسة لتسليط الضوء على وجود جماعة الإخوان المسلمين في القارة الأوروبية من خلال مجموعة من المحاور الرئيسية التي تتناول بالنقاش استراتيجية «الإخوان» وأدواتهم للتغلغل في المجتمعات الأوروبية، ومصادر تمويل الجماعة في الدول الأوروبية التي تتواجد فيها، ودور تركيا في دعم فروع الجماعة في هذه الدول، وأهم الإجراءات التي اتخذتها تلك الدول في مواجهة الخطر الذي تشكله الجماعة، وأخيراً اقتراح بعض التوصيات بشأن الإجراءات المطلوب اتخاذها لمواجهة الخطر الإخواني في القارة العجوز.

أولاً: استراتيجية الإخوان للتغلغل في المجتمعات الأوروبية

ركزت جماعة الإخوان المسلمين في سنوات نشأتها الأولى، وتحديداً في خمسينيات وستينيات القرن الماضي، على التوسع في ثلاثة بلدان أوروبية رئيسية وهي: فرنسا وألمانيا وبريطانيا لاعتبارات التاريخ والجغرافيا السياسية، حيث تعد هذه الدول أكبر بلدان الاتحاد الأوروبي من حيث المساحة وعدد السكان، فضلاً عن أنها تمثل مركز استقطاب للجاليات الإسلامية القادمة من البلدان العربية والإسلامية التي كانت خاضعة لتأثيرها الثقافي والاستعماري. وقد وظفت الجماعة وجودها المؤسسي بالبلدان الثلاثة في بناء شبكة من التحالفات والاعتماد المتبادل مع الكيانات الممثلة للكتل الإسلامية الرئيسية في العالم، ومن خلال الانفتاح على الإسلام التركي الموجود بكثافة في ألمانيا[1].

وحينما تم تأسيس التنظيم الدولي للإخوان المسلمين في العام 1982 واصل مساعيه الرامية إلى تعزيز تغلغله في معظم الدول الأوروبية، ونجح في ترسيخ نفوذه بالفعل، حتى إن نحو 95 % من أنشطة التنظيم الدولي وهيكلته باتت متمركزة في بريطانيا وألمانيا وفرنسا وسويسرا وبلجيكا وإيطاليا والنمسا، هذا إضافة إلى الولايات المتحدة الأمريكية وكندا[2].

وتنطلق مساعي جماعة الإخوان المسلمين للتغلغل في المجتمعات الأوروبية من استراتيجية مدروسة تم الإعداد لها بعناية من جانب الجماعة، وهذا ما كشفته بوضوح الوثيقة السرية التي عثرت عليها الشرطة السويسرية بعد أحداث 11 سبتمبر 2001، بعدما نفذت غارة ليلية مفاجئة على فيلا فخمة يملكها رجل الأعمال الإخواني يوسف ندا، رئيس «بنك التقوى» وأحد كبار أقطاب المال الإخوانيين، وهذه الوثيقة كانت ضمن ما صادرته الشرطة من إحدى الخزائن المصفحه في الفيلا وقد حملت عنوان: «المشروع الكبير»، أي مشروع الإخوان المسلمين المسيطرة على أوروبا والولايات المتحدة الأمريكية والعالم كله، وقد بيّنت التحقيقات فيما بعد أن هذا المخطط قد سُلِّم إلى ندا قبل عشرين عاماً على ذلك التاريخ[3].

---

1. طارق دحروج، «الجغرافيا السياسية لجماعة الإخوان في أوروبا»، موقع بوابة الأهرام، بدون تاريخ، على الرابط:
https://bit.ly/3t0G9lN

2. صلاح الدين حسن، «إطاحة «مرسي» تشلّ قدرات التنظيم الدولي للإخوان (4.4)»، موقع حفريات، 29 مايو 2015، على الرابط: https://bit.ly/3ksseS7

3. سامي أبو داود، «من بروتوكولات جماعة الإخوان المسلمين في الغرب»، موقع حفريات، 1 مارس 2018، على الرابط:
https://bit.ly/2X8uinW

وتوضح هـذه الوثيقـة ملامـح اسـتراتيجية جماعـة الإخـوان المسـلمين لاخـتراق المجتمعـات الأوروبيـة، والعمل عـلى أسـلمتها، حيـث تشـير إلى أن الجماعـة تـدرك جيـداً أن الجاليـات الإسـلامية لا تعـاني الاضطهـاد في الـدول الأوروبيـة، لكنهـا سـتعمل عـلى جعـل هـذه الجاليـات تشـعر بهـذا الاضطهـاد، كي تنفصـل عـن المجتمعـات الأوروبيـة، وتنغلـق عـلى نفسـها ثـم تتجـه إلى التعصـب وتبنـي أهـداف الجماعـة في العمـل عـلى أسـلمة المجتمعـات الغربيـة مـن خـلال التبشـير بقيـم متشـددة، على حسـاب قيـم التسـامح والانفتـاح. وكمثـال عـلى هـذه الاسـتراتيجية، الخطـاب الـذي ألقـاه الرئيـس الـتركي رجـب طيـب أردوغـان، في مدينـة كولونيـا الألمانيـة في فبرايـر 2018 أمـام مئـات المسـلمين ذوي الأصـول التركيـة-الألمانيـة رداً عـلى دعـوة المستشـارة الألمانيـة أنجيـلا مـيركل إلى دمـج الأتـراك بشـكل أكبر في الثقافـة الألمانيـة، إذ قـال بالحـرف الواحـد: «الاندمـاج أو الاسـتيعاب جريمـة ضـد الإنسـانية». وهـذا يكشـف أحـد جوانـب الاسـتراتيجية التـي تتغلغـل بهـا جماعـة الإخـوان المسـلمين داخـل المجتمعـات الأوروبيـة، والتـي تسـتند إلى تغذيـة الفكـر المتطـرف داخـل الجاليـات الإسـلامية وبنـاء مجتمعـات موازيـة خاصـة بهـا ثـم تنميـة النزعـة الانفصاليـة لديهـا عـن المجتمعـات الأوروبيـة[4]. وهـذا يفسـر حالـة القلـق التـي بـدأت تنتـاب العديـد مـن الـدول الأوروبيـة في الآونـة الأخـيرة، كفرنسـا والنمسـا وألمانيـا، وتفسـر الإجـراءات التـي تتخذهـا هـذه الـدول لتحجيـم أنشـطة الجماعـة في هـذه الـدول.

ثانياً: أدوات التغلغل الإخواني في المجتمعات الأوروبية

تعتمـد جماعـة الإخـوان المسـلمين في تحقيـق تغلغلهـا في الـدول الأوروبيـة عـلى مجموعـة متنوعـة مـن الأدوات، تتمثـل فيمـا يلي:

1- الأداة الدينية

تـأتي هـذه الأداة في مقدمـة الأدوات التـي تعتمـد عليهـا جماعـة الإخـوان المسـلمين، فهـي أول مـن أنشـأ مراكـز ثقافيـة إسـلامية ومسـاجد في أوروبـا، تسـعى مـن خلالهـا إلى رسـم صـورة لهـا باعتبارهـا جماعـة معتدلـة، تعـادي التطـرف وتحـارب الإرهـاب، بـل إن الجماعـة قدمـت نفسـها عـلى أنـه يمكـن الاعتمـاد عليهـا كشـريك في محاربـة الإرهـاب مـع المؤسسـات الأوروبيـة المعنيـة بهـذه القضيـة؛ وليـس أدل عـلى ذلـك مـن أن المجلـس الإسـلامي في بريطانيـا (MCB) الـذي لـه علاقـات مـع جماعـة الإخـوان المسـلمين

---

4. للمزيد من التفاصيل حول هذه الوثيقة، يمكن الرجوع إلى الكتاب الفرنسي:

Del Valle, A. and Razavi, E. (2019). Le Projet: La stratégie de conquête et d'infiltration des frères musulmans en France et dans le monde. French, ARTILLEUR.

تمكَّن من أن ينضم إلى المجلس الاستشاري الوطني للمساجد والأئمّة (ميناب) لمحاربة التطرف[5]. وهذا المجلس اقترحت الحكومة البريطانية إقامته من أجل تنظيم شؤون الجالية المسلمة في المملكة المتحدة عبر تفعيل دور أئمّة المساجد، وتحويل أماكن العبادة إلى مراكز للتلاقي ومواجهة الفكر المتطرف.

وتقدم جماعة الإخوان المسلمين نفسها في أوروبا على أنها قادرة على مواجهة التطرف، من خلال تقديم التعليم الديني لأولئك المسلمين المعرّضين لخطر التطرف، حيث سعت الجماعة وحلفاؤها إلى إقناع السلطات في العديد من الدول الأوروبية بأنها تتمتع بمصداقية وتأثير على الشباب المسلم المعرّض للخطر أكثر مما يمكن لأي شخص غير مسلم أن يفعل ذلك، وأنها بوصفها جماعة إسلامية تعرف ما هي الطريقة الأفضل للتعامل مع التطرف الإسلامي، حيث ينبغي أن يكون ذلك من خلال تعليم المسلمين دينهم بشكل صحيح[6].

لكن الحقيقة أن جماعة الإخوان المسلمين توظف العديد من المجالس الإسلامية المنتشرة في العديد من الدول الأوروبية، والتابعة لها، في تمرير فتاواها ونشر أيديولوجياتها في صفوف الجاليات الإسلامية؛ ففي بريطانيا على سبيل المثال هناك مجموعة من المجالس الإسلامية، سواء التابعة مباشرة للجماعة أو التي ترتبط بعلاقات معها، ومن أهمها المجلس الأوروبي للإفتاء والبحوث، والذي تأسس عام 1997 على يد منظّر الجماعة يوسف القرضاوي، حيث يصدر المجلس الفتاوى الدينية والفقهية الخاصة بالمسلمين. وهناك أيضاً المجلس الإسلامي في بريطانيا، وهو أكبر مؤسسة إسلامية في بريطانيا، ويندرج تحت مظلتها أكثر من (500) هيئة إسلامية في بريطانيا، ولها صلات غير معلنة بجماعة الإخوان المسلمين[7].

---

5. جاسم محمد، «أدوات جماعات الإسلام السياسي وآلياتها لتحقيق أهدافها ومشروعاتها في أوروبا»، مركز تريندز للبحوث والاستشارات، 4 إبريل 2021، على الرابط: https://bit.ly/3aBlfTN

6. المصدر السابق.

7. المصدر السابق.

2- الأداة الإعلامية

أدركت جماعة الإخوان المسلمين مبكراً قبل غيرها من جماعات الإسلام السياسي أهمية الإعلام الجديد، وخاصة الرقمي، فسعت إلى توظيف هذا النوع الجديد من الإعلام لتحقيق مجموعة من الأهداف التي تخدم مشروعها السياسي وللترويج لأيديولوجيتها العابرة الحدود والمرتبطة بأحلامها الخاصة بـ «إحياء دولة الخلافة وأستاذية العالم». وتمكنت الجماعة بالفعل من أن يكون لها وجود واسع على الشبكة العنكبوتية عبر عدد كبير من المواقع الإلكترونية الناطقة باسمها والمؤيدة لها، والتي استخدمتها في الترويج لأفكارها المتطرفة، وخاصة في الدول الأوروبية من خلال العديد من المواقع الناطقة باللغة الإنجليزية؛ مثل موقع إخوان ويب للتواصل مع صناع الرأي العام في الدول الأوروبية[8]. هذا فضلاً عن موقع «إخوان بوك» الذي يهدف إلى تصوير الجماعة باعتبارها نموذجاً للحركات المعتدلة[9].

كما لجأت جماعة الإخوان المسلمين إلى أذرعها الإعلامية في الغرب، والتي تمتلك خبرة كبيرة في مجال الإعلام الرقمي، في محاولة الدفاع عن الجماعة وتحسين صورتها من ناحية، والتحريض على النظم العربية المختلفة معها من ناحية ثانية، مستغلة في ذلك مناخ الانفتاح والحريات في الدول الأوروبية في الترويج لنفسها، باعتبارها جماعة معتدلة تؤمن بالديمقراطية والحريات العامة، لكن مع ذلك فإن استراتيجيتها هذه بدأت في الانكشاف خلال الآونة الأخيرة، بعدما أدرك العديد من الدول الأوروبية مواقفها المعادية للدولة الوطنية الحديثة وتهديدها لقيم التسامح والتعايش والحوار وقبول الآخر.

3- المنصات الرقمية والتطبيقات الإلكترونية

تُشكل هذه المنصات والتطبيقات إحدى أهم الأدوات التي تستخدمها جماعة الإخوان المسلمين في تنفيذ مشروعها الأيديولوجي والسياسي، سواءً في تجنيد الأتباع، أو في ترويج أفكارها وأيديولوجياتها لقطاع واسع

---

8. Anita Breuer, "Media experiences and communication strategies of the Egyptian Muslim Brotherhood from 1928 to 2011: A brief historical overview", Forschungsjournal Soziale Bewegungen, https://bit.ly/34VLUbN

9. «إخوان بوك.. النسخة الإسلامية من فيسبوك»، موقع ميدل إيست أونلاين، 25 أغسطس 2010، على الرابط: https://bit.ly/360mEQY

من الناس وخاصة الشباب، أو عبر استخدامها كمنصات لعقد الاجتماعات واللقاءات السرية بين عناصرها لتنسيق مواقفهم وخطط تحركاتهم.

ومن أمثلة هذه التطبيقات «كلوب هاوس»، وهو تطبيق حديث يمكّن مستخدميه من إجراء محادثات صوتية مباشرة في غرف مغلقة، وإقامة ما يشبه الغرف الحوارية بداخله، والتي تحاول من خلالها الجماعة استقطاب الشباب والتأثير فيهم، وتنفيذ أهدافها في نشر الأفكار الهدامة التي تحاول تقويض الأوطان وإسقاط رموزها الوطنية والسياسية تحت ذريعة حرية التعبير. ولا يقتصر الأمر على تطبيق «كلوب هاوس»؛ ففي نوفمبر 2020 تحركت بعض الأوساط السياسية والأمنية في أوروبا لمطالبة شركتي «جوجل» و«آبل» بحذف تطبيق يسمى «يورو فتوى» من متجريهما، بعد اتضاح حقيقة أن هذا التطبيق يروج لتطرف جماعة «الإخوان» في أوروبا. ويعد هذا التطبيق من التطبيقات التي يقف وراءها المجلس الأوروبي للإفتاء والبحوث في أوروبا، والذي يعتبر يوسف القرضاوي – أحد منظّري جماعة الإخوان المسلمين – من بين مؤسسيه[10].

وقد منحت هذه النوعية من التطبيقات الإلكترونية وغيرها من المنصات الرقمية، وخاصة وسائل التواصل الاجتماعي، فضاءً مفتوحاً للحوار الذي يغذي خطاب التطرف والكراهية. كما أنها وفرت مساحة كبيرة للخطاب المحرّض الذي يمكن أن يؤثر في عقول الشباب، وسهلت كذلك إجراء الاتصالات المشفرة، دون ذكر الأسماء الحقيقية، التي تساعد في إخفاء هوية الأشخاص الذين يسعون لغسل أدمغة الشباب من خلال خطاب مشحون بالعنف والكراهية.

4- العمل الخيري

يعد العمل الخيري إحدى أهم الأدوات التي تلجأ إليها جماعة الإخوان المسلمين للتغلغل في دول أوروبا، وخاصة في الجاليات الإسلامية الموجودة في هذه الدول، وذلك من خلال تقديم المساعدات المادية والعينية البسيطة لأفراد هذه الجاليات في محاولة

---

10 . Counter Extremism Project (2020). Tech & Terrorism: Officials Call for Ban Of 'Euro Fatwa' App Created by Muslim Brotherhood. https://www.counterextremism.com/press/tech-terrorism-officials-call-ban-%E298%80%euro-fatwa%E299-%80%app-created-muslim-brotherhood

لاستقطابهم إليها. وبالفعل، فقد شكلت الجماعة في ألمانيا وفرنسا وإنجلترا وسواها من بلدان أوروبا عشرات الجمعيات «الخيرية» لهذا الغرض، وهي جمعيات ليست سوى ستار لتنفيذ أهداف المشروع الإخواني في أوروبا، عن طريق استخدام الجاليات العربية والإسلامية هناك[11].

وتعد منظمة الإغاثة الإسلامية في ألمانيا أهم أذرع جماعة الإخوان المسلمين في أوروبا، وقد تأسست عام 1996، ثم تم تسجيلها في سجل الجمعيات في عام 1997، ويقع مقرها الرئيسي في كولونيا. ولديها عدة مكاتب في كل من: برلين، وفرانكفورت، وإيسن، وهامبورج. وبرغم مزاعم المنظمة بأنها ليس لها أي علاقة بجماعة الإخوان المسلمين، فإن العلاقة بين الجانبين قد بدت واضحة حين نقلت وكالة الأنباء الألمانية في تقرير لها بثته في نوفمبر 2020، عن متحدث في وزارة الداخلية أن «منظمة الإغاثة الإسلامية» في ألمانيا وتلك التي في برمنجهام في بريطانيا كلتيهما «تتمتعان بصلات شخصية مهمة بجماعة (الإخوان المسلمين) أو منظمات ذات صلة»[12]. هذا فضلًا عن منظمة الإغاثة الإسلامية في إسبانيا التي ينتمي العديد من قادتها إلى «الرابطة الإسلامية للحوار والتعايش»، وهي منظمة إسلامية أخرى لها روابط وثيقة بالإخوان المسلمين، ويرى «لويس دي لا كورتيه»، الباحث في معهد الشؤون الأمنية بجامعة مدريد المستقلة، أن الإخوان المسلمين يعملون من خلال استراتيجية مزدوجة؛ فهم «لا يحاولون فقط بناء نفوذ على أسس دينية، بل يعملون أيضاً بكل جد على اكتساب نفوذ في المؤسسات السياسية وبين الطبقة الحاكمة»[13].

5- الأدوات التعليمية والثقافية

تعد الأداة التعليمية والثقافية إحدى أدوات جماعة الإخوان المسلمين المهمة للتغلغل في الدول الأوروبية، وذلك من خلال التغلغل في غالبية المؤسسات الأكاديمية الأوروبية والغربية بوجه عام،

11. هاشم صالح، «خطة السيطرة على العالم»، صحيفة الاتحاد، 7 ديسمبر 2017، على الرابط: https://bit.ly/3ntxw24

12. راغدة بهنام، «مخاوف في ألمانيا من ارتباط «الإغاثة الإسلامية» بالإخوان»، صحيفة الشرق الأوسط، 24 نوفمبر 2020، على الرابط: https://bit.ly/3wqlzOT

13. «اتهامات موثقة بتمويل الإرهاب.. أخيراً أوروبا تتخذ إجراءات ضد منظمة الإغاثة الإسلامية الإخوانية العالمية»، المعهد الكندي للإسلام الإنساني، 2021/1/25، على الرابط: https://bit.ly/3ryBy9D

مثل المعهد الإسلامي في لندن الذي كان يشرف عليه كليم صدّيقي المواطن البريطاني من أصول هندية وكان يكافح، لكي يتمكن المسلمون في بريطانيا من تطبيق الشريعة الإسلامية[14].

وتولي جماعة الإخوان المسلمين اهتماماً بالتغلغل في المدارس والجامعات والكليات، باعتبارها ساحة للتجمعات الشبابية الملائمة لنشر أفكارها وتدعيم نفوذها. وقد استهدفت الجماعة الجامعات المنتشرة في الدول الأوروبية، خاصة تلك التي يتواجد بين طلابها جاليات عربية واسلامية، حيث رصدت أموالاً طائلة بهدف تشكيل عدد من اللجان الإدارية تكون مهمتها التنسيق مع هذه المدارس والجامعات. كما سعت الجماعة لاستقطاب أعضاء جدد من طلاب هذه المدارس والجامعات، واستخدمت أيضاً عدداً من مراكز الأبحاث الأوروبية كمنصة لنشر أفكارها، واستعملت المال السياسي في توجيه بعض الكتاب والباحثين العاملين في هذه المراكز لتبني مواقفها والدفاع عنها[15].

وبحسب إريك تريجر الباحث الأمريكي في شؤون الجماعات الإسلامية لدى معهد واشنطن لسياسة الشرق الأدنى، فإن جماعة الإخوان المسلمين تستهدف الطلاب ابتداءً من سن التاسعة؛ لتجنيدهم وتلقينهم فكرياً وأيديولوجياً، حيث يبدأ الأعضاء المسؤولون عن عملية التجنيد بالتقرب إلى الطلاب الذين يُظهرون علامات قوية على التقوى، فيقوم بعض أعضاء الإخوان بمقابلة هؤلاء الطلاب ومصادقتهم وإشراكهم في أنشطة عادية غير سياسية؛ مثل كرة القدم ومساعدتهم في دروسهم؛ لبناء علاقات معهم ومن أجل التدقيق في تديُّنهم، ويمكن لعملية التجنيد هذه أن تستغرق عاماً كاملاً[16].

ويعد المعهد الأوروبي للعلوم الإنسانية إحدى أهم المؤسسات التعليمية التي تعتمد عليها جماعة الإخوان المسلمين في الترويج لأيديولوجياتها الفكرية، وقد بدأ نشاطه في باريس في يناير عام 2001 بنحو 180 طالباً، وشارك في افتتاحه القيادي الإخواني يوسف القرضاوي، الذي كان حريصاً على دعم فكرة

---

14. Meriboute, Z. (2014). International Development Policy. Revue internationale de politique de développement. http://journals.openedition.org/poldev/1833

15. حسام الحداد، «مراكز التنظيم الدولي لجماعة الإخوان في أوروبا»، المركز الأوروبي لدراسات مكافحة الإرهاب والاستخبارات، 9 فبراير 2020، على الرابط: https://bit.ly/2UHLdfV

16. جاسم محمد، «أدوات جماعات الإسلام السياسي وآلياتها لتحقيق أهدافها ومشروعاتها في أوروبا»، مصدر سابق.

المعهـد، وأعلـن أنـه سيسـعى لتخريـج أئمة ومعلمـين يفقهـون النصوص الدينية ويفهمون السـياق الأوروبي. وقـد اعترفـت وزارة التعليـم العـالي والبحـث العلمـي في فرنسـا في عـام 2009 بالمعهـد كمؤسسـة تعليـم عـالٍ معتمَـدة، الأمـر الـذي شجـع عـدداً أكبر مـن الطـلاب عـلى التسـجيل بالمعهد ليصل عـدد الطـلاب الملتحقين بـه إلى نحـو 2000 بحلـول عـام 2012. ويعـدُّ المعهد أحد المعاهد المسـجلة باتحاد المعاهـد الأوروبية للعلوم الإنسـانية التـي تضـم المعاهـد المحسـوبة عـلى «الإخـوان» في أرجـاء أوروبـا؛ مثـل معهـد شـاتو شـينون، ومعهـد ويلـز في بريطانيـا، ومعهـد باريـس، ومعهـد برمنجهـام في بريطانيـا، ومعهـد فرانكفـورت، ومعهـد هلسـنكي في فنلنـدا 2016 [17].

ومـن الواضـح في ضـوء مـا سـبق أن الأدوات التـي تعتمـد عليهـا جماعـة الإخـوان المسـلمين للتغلغـل في أوروبـا لا تختلـف كثـيراً عـن تلـك التـي توظفهـا الجماعـة في الـدول العربيـة والإسلامية، حيث تتشـابه أسـاليب الاسـتقطاب وتكتيكـات الانضـمام والبيعـة للإخـوان المسـلمين، إذ تبـدأ فتـرة المراقبـة والترشـيح في حلقـات دراسـية، ومحـاضرات، ومؤتمـرات، ثـم تـأتي البيعـة، ويسـتمر التركيـز عـلى الالتـزام الصـارم بمبـدأ «الـولاء والطاعـة»، كـما أن هنـاك تشـابهاً كبـيراً بـين فـروع الإخـوان في الـدول العربيـة والإسلامية ونظائرهـا في الغـرب، مـن حيـث الهيـكل التنظيمـي وأنمـاط السـلوك والحيـاة داخل الجماعـة عمومـاً وأدوات الاسـتقطاب، حيـث جعلـت الجماعـة مـن المـدارس والجامعـات والمسـاجد وسـائل للتجنيـد وأماكـن لعقـد الاجتماعـات، وتنظيـم المحـاضرات، بهـدف تعزيـز تواجدهـا الثقـافي في هـذه الـدول [18].

هـذا التغلغـل الإخـواني الواضـح بـات يثـير قلـق العديـد مـن العواصـم الأوروبيـة في السـنوات القليلـة الماضيـة، فقـد تصاعـدت المخـاوف مـن عمليـة أسـلمة أو «أخونـة» المجتمعـات الأوروبيـة التـي تقـوم بهـا أذرع الجماعـة في هـذه الـدول، بعدمـا نجحـت في تشـكيل الـرأي العـام الإسلامي فيهـا وجـذب الآلاف مـن الشـباب والبالغـين، ومحاولـة تصويـر الجماعـة بالوجـه المعتـدل [19]. وبـدا هـذا القلـق واضحـاً في التحذيـرات التـي أطلقهـا العديـد مـن المؤسسـات السياسـية والأجهـزة

---

17. المصدر السابق.

18. للمزيـد مـن التفاصيـل عـن اسـتراتيجية التغلغـل الإخـواني في الغـرب، يمكـن الرجـوع إلى: لورينـزو فيدينـو، الدائـرة المغلقـة: الانضمام إلى جماعة الإخـوان المسلمين والانشقاق عنها في الـدول الغربية، (أبوظبـي: مركز ترينـدز للبحوث والاستشـارات، 2020).

19. Atmane Tazaghart, Muslim Brotherhood, a European danger, global watch analysis, https://bit.ly/2VNaA1j

الاستخباراتية الأوروبية من محاولات الجماعة نشر أيديولوجيتها وأفكارها وفرض ثقافتها عليها، فعلى سبيل المثال، فقد حذرت أصوات في البرلمان البريطاني عام 2014 من الأنشطة المتشددة للإخوان وتخطيطها لتأسيس قاعدة انطلاق لها في لندن لتنفيذ خططها في دول أخرى، ولاسيما بعد لجوء عدد من قادة الجماعة من مصر إلى بريطانيا بعد أحداث 30 يونيو 2013 [20]. كما وصف تقرير سويسري داخلي كتابات الإخوان المسلمين بأنها ذات «موقف غير متسامح، بل أعمى تجاه العادات والأفكار الغربية بشكل عام وأنها على وجه الخصوص، مقتت الغرب؛ لأنه أصاب العالم الإسلامي بالنزعة المادية والنسبية، وهناك تحذيرات مستمرة حول خطورة أفكار الجماعة»[21].

كما حذر تقرير هيئة حماية الدستور الألمانية «الاستخبارات الداخلية» في ولاية بافاريا، جنوب البلاد، من التهديد المتزايد لجماعة الإخوان الإرهابية، وتحركاتها المعادية للدستور، ودعمها كيانات موازية لمؤسسات الدولة وبرامجها، ومساعيها لتأسيس نظام حكم شمولي لا يضمن سيادة الشعب أو مبادئ الحرية والمساواة، ولفت التقرير الانتباه إلى أن «الجماعة تعمل على أخونة المجتمع الألماني، وتغيير الأنظمة التعليمية وجعلها تتماشى مع أفكارهم»[22]. كما حذر التقرير الصادر عن مجلس الشيوخ في فرنسا في شهر يونيو 2020، مما سماه تنامي «التطرف الإسلامي» في عدد متزايد من المناطق في فرنسا، وأن هناك «نزعة انفصالية» خطيرة تتنامى في بعض المدن الفرنسية بدعم من حركات الإسلام السياسي[23]؛ وذلك في إشارة واضحة إلى جماعة الإخوان المسلمين.

20. إبراهيم غالي، «دلالات تحقيق بريطانيا في أنشطة جماعة الإخوان»، مركز المستقبل للدراسات المتقدمة، 8 إبريل 2014، من خلال الرابط: https://bit.ly/35fQIY9

21. Daniel Rickenbacher The Muslim Brotherhood in Switzerland — The First Decades, European Eye on Radicalization, 6 June 2019, https://bit.ly/2KELQSN

22. Rami Dabbas, Muslim Brotherhood's secret plan to undermine Germany exposed, May 18, 2020, https://bit.ly/3cYMPdb

23. فرنسا: «تقرير لمجلس الشيوخ يحذر من «التطرف الإسلامي» المتزايد في البلاد»، موقع فرانس 24، 9 يوليو 2020، على الرابط: https://bit.ly/2J5kibJ

ثالثاً: مصادر تمويل الإخوان المسلمين في أوروبا

تعتمـد جماعـة الإخـوان المسـلمين عـلى تمويـل أنشـطتها في أوروبـا عـلى العديـد مـن الأدوات،
بعضهـا شرعـي وقانـوني، والآخـر ينـدرج ضمـن الأنشـطة غـير الشرعيـة، كغسـل الأمـوال
والاتجـار في العمـلات، التـي مـن الصعـب تتبعهـا ومعرفـة مصادرهـا. وتتمثـل أهـم هـذه
المصـادر في التـالي:

1. **البنـوك والمصـارف وشركات توظيـف الأمـوال ذات الطابـع الإسـلامي:** يعـد بنـك «التقـوى»
    الـذي تأسـس عـام 1988 مـن قِبـل قياديـين مـن جماعـة الإخـوان المسـلمين، أبرزهـم رجـل
    الأعمال يوسـف نـدا، أول بنـك إسـلامي يعمـل خـارج الـدول الإسـلامية، حيـث سـبق للجماعـة
    أن اعتمـدت عليـه في تمويـل أنشـطتها. وقد قـام نـدا بدمـج أمـوالـه مـع أمـوال صديقـه غالـب
    همـت أحـد أهـم قيـادات جماعـة الإخـوان في أوروبـا، حتـى يـزداد رأسـمال البنـك، وبالفعـل
    اسـتطاع البنـك تحقيـق مكاسـب كبـيرة في سـنواته الأولى وأصبـح نـدا شـخصية مرموقـة في
    عـالم الاقتصـاد والمـال في أوروبـا. ويقـع مركـز البنـك الرئيـسي في جزيـرة ناسـو في جـزر البهامـا
    المجـاورة للولايـات المتحـدة[24].

2. **الاسـتثمار فيـما يسـمى «تجـارة الحـلال»؛** التـي مـن خلالهـا راكمـت الجماعـة رأسـمالها عـلى
    مـدار العقـود الماضيـة بعيـداً عـن أي رقابـة قانونيـة أو حتـى مسـاءلة داخليـة، خاصـة أن هـذه
    التجـارة بفروعهـا المختلفـة، مـن أغذيـة وسـياحة، فـوق أنهـا تلبـي احتياجـات الشريحـة الأكبر مـن
    المسـلمين حـول العالـم، فإنهـا تنمـو بشـكل متسـارع، فعـلى سـبيل المثـال، فـإن التقديـرات العالميـة
    تشـير إلى أن القيمـة السـوقية للأغذيـة الحـلال في أنحـاء العالـم كلـه في عـام 2017 بلغـت 1.4
    تريليـون دولار أمريكـي ومـن المتوقـع أن تصـل إلى 2.6 تريليـون دولار أمريكـي عـام 2023[25]. هـذا
    وتشـهد السـياحة الحـلال تناميـاً كبـيراً أيضـاً، فوفقـاً لمؤشر السـفر الإسـلامي العالمـي (GTMI)

---

24. جاسم محمد، «أدوات جماعات الإسلام السياسي وآلياتها لتحقيق أهدافها ومشروعاتها في أوروبا»، مصدر سابق.

25. للمزيد من التفاصيل عن تطور تجارة الأغذية الحلال في العالم يمكن الرجوع إلى التقرير التالي:
M. Shahbandeh, Global market value of halal food 2017-2023, Jun 29, 2018, https://bit.ly/2OLP5cV

مـن المتوقـع أن تقفـز مسـاهمة قطـاع السـفر الحـلال في الاقتصـاد العالمـي مـن 220 مليـار دولار أمريـكي في عـام 2020 إلى 300 مليـار دولار أمريـكي بحلـول عـام 2026 [26].

ولاشـك في أن ارتفـاع القيمـة السـوقية للتجـارة الحـلال بأنواعهـا المختلفـة تجعـل منهـا أحـد الاسـتثمارات الرابحـة لجماعـة الإخـوان المسـلمين في أوروبـا؛ حيـث توجـد جاليـة مسـلمة كبيرة تهتـم بالمنتجـات الحـلال، وهـذا لا شـك يـدر عـلى الجماعـة أمـوالاً طائلـة. فعـلى سـبيل المثال يديـر «اتحـاد المنظمـات الإسـلامية بفرنسـا» الـذي يعـد الممثـل الشرعـي للإخـوان المسـلمين فيهـا، العديـد مـن الأنشطـة بمـا فيهـا ذات الطبيعـة الاقتصاديـة؛ حيـث يسـتفيد مـن عائـدات «التجـارة الحـلال» المنتـشرة عـلى نطـاق واسـع في المـدن الفرنسـية التـي تحتضـن أكـثر مـن ثمانيـة ملايـين مسـلم، وحسـب دراسـة لمعهـد سـيليس (Silis)، صـادرة عـام 2009، فـإن حجـم التجـارة الحـلال في فرنسـا تقـدر بخمسـة مليـارات ونصـف مليـار يـورو، بينـما ذكـر تقريـر لمنتـدى الحـلال العالمـي، حسـب مـا نقلتـه صحيفـة لوموند عـام 2010، أنهـا لا تقـل عـن 12,2 مليـار يـورو [27]، وحسـب لجنـة التحقيـق التابعـة لمجلـس الشـيوخ الفرنـسي فـإن التجـارة الحـلال تغطـي سـتة مليـارات يـورو في فرنسـا وحدهـا [28]؛ مـا يعنـي أن هـذه التجـارة تتوسـع وتنمـو بشـكل متزايـد، وتشـكل واحـدة مـن القطاعـات الحيويـة التـي تسـتثمر فيهـا جماعـة الإخـوان المسـلمين أموالهـا، خاصـة في أوروبـا.

3. **أمـوال التبرعـات مـن الجمعيـات الخيريـة:** تعتمـد جماعـة الإخـوان المسـلمين بدرجـة كبـيرة عـلى الجمعيـات، والمؤسسـات الخيريـة التابعـة لهـا في العديـد مـن دول العـالم في الحصـول عـلى التمويـل، وذلـك مـن خـلال تلقـي التبرعـات الماليـة وإرسـالها إليهـا. وقـد أكـد ثـروت الخربـاوي، القيـادي الإخـواني السـابق، أهميـة الأمـوال التـي تـأتي مـن الخـارج في دعـم الجماعـة، بالقـول:

---

26. للمزيد من التفاصيل عن تطور السياحة الحلال، يمكن الرجوع في هذا السياق إلى:

Mastercard-CrescentRatingHalal Travel Frontier 2020, January 2020, https:// bit.ly/3hiubhQ

27. Charlotte LARROCHE, Le développement du marché halal en France, Inseec de Bordeaux, Master de Marketing 2015, p 6.

28. Rapport Nº 595, Radicalisation islamiste : faire face et lutter ensemble Tome I : Rapport, enregistré à la Présidence du Sénat, le 7 juillet 2020, http://www.senat.fr/rap/r191-595-/r1910-595-.html

«إن الجماعة تعتمد على الجمعيات الخيرية في الخارج كأنبوبة جمع الاشتراكات الرئيسية» واصفاً إياها بأنها «المنبع الرئيسي للأموال والاشتراكات والتبرعات»[29].

وهناك العديد من الجمعيات الخيرية التابعة لجماعة الإخوان المسلمين في العديد من الدول الأوروبية؛ ففي بريطانيا على سبيل المثال يعمل منتدى الجمعيات الخيرية الإسلامية كمظلة دعم وتمويل لـ10 جمعيات خيرية كلها تنتمي إلى جماعة الإخوان المسلمين، ويضم هذا المنتدى عدداً من المنظمات غير الحكومية مع أعضاء من منظمة الإغاثة الإسلامية، ومنظمة العون الإسلامي، ومؤسسة الأيدي المسلمة، وهيئة الأعمال الخيرية، ومؤسسة الإغاثة الإنسانية، ومنظمة المساعدة الإسلامية، والجمعية الخيرية، وجمعية الأيتام المحتاجين، ومؤسسة الإمداد[30]. كما أن مؤسسة الإغاثة الإسلامية التي تتخذ من لندن مركزاً رئيسياً لها، والتي أُنشئت في عام 1984 في مدينة برمنجهام من طرف كوادر التنظيم الدولي للإخوان المسلمين وقياداته، وفي طليعتهم إبراهيم الزيات، وهاني البنّا، ورجل الأعمال المصري الأصل البريطاني الجنسية عمر الألفي، تقوم بدور رئيسي في جمع التبرعات المالية للجماعة[31].

وتعتمد جماعة الإخوان المسلمين على هذه الجمعيات في تلقي التبرعات، وقد سعت إلى توظيف جائحة «كوفيد-19»، لجمع أكبر قدر من التبرعات؛ بحجة إنفاقها على مستلزمات الوقاية من الفيروس أو دعم مخيمات اللاجئين، وغيرها من الدعاية التي تقدمها الصفحات الإعلامية للمؤسسات الخيرية، حيث قام العديد من المواقع الرسمية لمنظمات الإخوان في أوروبا والولايات المتحدة الأمريكية بوضع استمارة أولية قبل البدء في التصفح، تدعو إلى التبرع لتمكين المؤسسة من مواجهة

29. عبدالرحمن شلبي ومحمد علي زيدان، «الإخوان تدير إمبراطورية مالية خفية رأسمالها 100 مليون إسترليني ببريطانيا وسويسرا»، 7 إبريل 2014، موقع هات بوست، على الرابط: https://bit.ly/2SIXyjv

30. جاسم محمد، «موقف دول أوروبا من جماعة الإخوان.. بريطانيا»، موقع المركز الأوروبي لدراسات مكافحة الإرهاب والاستخبارات، 23 مايو 2019، على الرابط: https://bit.ly/3gpFpBF

31. للمزيد من التفاصيل حول هذا الجانب، يمكن الرجوع إلى: عبدالخالق فاروق، اقتصاديات جماعة الإخوان المسلمين في مصر والعالم (القاهرة: الهيئة العامة للكتاب، 2015).

فـيروس كورونـا، كـما توضـع فيهـا القيـم المعتـبرة للتـبرع عـن طريـق وسـائل الدفـع الإلكـتروني[32].

4. **شركات الـ «أوف شـور»:** وهـي مؤسّسـات ماليـة خارجيـة تعمـل في جـزر قريبـة مـن أوروبـا، مثل جـزر البهامـا وجـرسي وكايمـان، وترتبـط هـذه الجـزر عـن كثـب بالعواصـم الماليـة والسياسـية الكـبرى، وتعـد هـذه الشـركات بمنزلـة ملاذات آمنـة لإيـداع أمـوال الأثريـاء أو تلـك الناتجـة عـن الفسـاد والجريمـة المنظمـة. وقد نجحـت جماعـة الإخـوان المسلمين منـذ أوائـل الثمانينيـات من القـرن العشريـن في بنـاء هيـكل متيـن مـن شركات الـ «أوف شـور» بالتـوازي مـع نمـو ظاهـرة البنـوك الإسـلامية، ومـن خـلال هـذا الهيـكل تمكّنـت مـن إخفـاء الأمـوال ونقلهـا عـبر العـالم. واللافـت للانتبـاه أن هـذه النوعيـة مـن الشـركات تنتشـر في جـزر فيرجـن البريطانيـة، وجـزر كايمـان، وسـويسرا وقبرص، وقامـت الجماعـة بتسـجيل هـذه الشـركات بأسـماء بعـض القيـادات الإخوانيـة في الغـرب، ومـن أبرزهـم إبراهيـم كامـل مؤسـس بنـك دار المـال الإسـلامي «دي إم إي»، وشركات الـ «أوف شـور» التابعـة لـه في «ناسـو» بجـزر البهامـا، وهنـاك يوسـف نـدا وغالب همـت ويوسـف القرضـاوي أيضاً في بنـك التقـوى في ناسـو، وإدريـس نـصر الديـن مع بنـك أكيدا الـدولي في ناسـو أيضاً[33]. ولعـل مـا سـاعد الجماعـة في إخفـاء أموالهـا عن طريـق شركات الـ «أوف شـور»، هـو أن هـذه الشـركات لا تحتـاج إلى وجـود مقـر، وعـادة مـا ترتبـط بالاقتصـاد السـري، والتهـرب مـن الضرائـب، وإخفـاء مصـادر أمـوال عملائهـا[34].

لقـد أدركـت جماعـة الإخـوان المسلمين منـذ وقـت مبكـر أهميـة الاندمـاج في الاقتصـاد الأوروبـي واسـتغلت الثغـرات الموجـودة فيـه في تعظيـم إمبراطوريتهـا الماليـة، ويتخـذ هـذا الاندمـاج أشـكالاً

---

32. نهلة عبدالمنعم، «كورونا.. مدخل «إخوان أمريكا» لمضاعفة أموال التبرعات»، موقع المرجع، 9 مايو 2020، على الرابط:
https://bit.ly/2CwB1le

33. للمزيد من التفاصيل عن شبكات تمويل الإخوان السرية، يمكن الرجوع إلى:

Douglas Farah, The Little Explored Offshore Empire of the International Muslim Brotherhood, the International Assessment and Strategy Center, April 18th, 2006, https://bit.ly/30xSGAX

34. علـي رجـب، «اقتصـاد التنظيـم الـدولي وكورونـا.. مـا هـو مصير أمـوال الإخـوان في العـالم؟»، بوابـة الحـركات الإسلامية، 4 إبريـل 2020، عـلى الرابـط: https://bit.ly/3eQnJyo

عديـدة، كالاسـتثمار في شـركات الــ «أوف شـور»، مـا يتيـح لهـا تقديـم التمويـل لرجـال الأعمـال التابعيـن لهـا في الـدول الأوروبيـة، لإقامـة مشـروعات فيهـا، ومـن ثـم الحصـول عـلى أربـاح هـذه المشروعـات. وقـد نجـح العديـد مـن رجـال الأعمـال التابعيـن للجماعـة في تكويـن ثـروات ضخمـة تضعهـم في خانـة أصحـاب المليـارات الذيـن تربطهـم علاقـات قويـة ذات طابـع تجـاري مـالي مـع عـدد مـن الشـركات والمؤسسـات الرأسـمالية الكـبرى في العـالم[35].

رابعاً: دور تركيا في دعم جماعة الإخوان المسلمين في أوروبا

تعـود علاقـة تركيـا بجماعـة الإخـوان المسـلمين إلى عقـود مضـت، غيـر أنـه يمكـن الإشـارة إلى أن فـترة ظهـور الإسـلاميين في تركيـا ترجمـت هـذه العلاقـة بشـكل واضـح، فعـلى سـبيل المثـال أسـس نجـم الديـن أربـكان الأب الروحـي للإسـلام السـياسي في تركيـا، رئيـس وزراء تركيـا، في عـام 1969 حركـة «ملـي جـوروش» Milli Görüş (الرؤيـة الوطنيـة) وهـي حركـة سـياسية دينيـة انحـدرت منهـا الأحـزاب التركيـة التـي عرفتهـا البـلاد، وجميعهـا اسـتلهمت مبادئهـا مـن أفكـار أربـكان الـذي تأثـر بـدوره بشـكل كبـير بفكـر جماعـة الإخـوان المسـلمين، خاصـة فكـر سـيد قطـب في تحقيـق حلـم الخلافـة الإسـلامية في تركيـا ثـم أسـتاذية العـالم[36].

وقـد تطـورت هـذه العلاقـة بشـكل كبـير بعـد تـولي حـزب العدالـة والتنميـة بزعامـة رجـب طيـب أردوغـان مقاليـد الحكـم في عـام 2002. وبحسـب لورينـزو فيدينـو، مديـر برنامـج جامعـة جـورج واشـنطن للأمـن السـيبراني والداخـلي حـول التطـرف، تعـود علاقـات أردوغـان بـ «الإخـوان» إلى سـبعينيات القـرن المـاضي، عندمـا كان أحـد أكثـر التلاميـذ السياسـيين الموثـوق بهـم لنجـم الديـن أربـكان، حيـث يشـتركان في التقـارب الأيديولوجـي وفي التفسـير السـياسي والدينـي، وجمعـت بينهـما المصلحة المشـتركة أيضـاً، وهـو مـا بـدا واضحـاً حيـن منحـت الجماعـة أردوغـان في عـام 2001، وبعـد فـترة وجيـزة مـن

---

35. سمير كـرم، «الإخـوان المسـلمون وقـوة المـال»، صحيفـة الـشروق (مصر)، 26 ديسـمبر 2012، عـلى الرابـط:
https://bit.ly/3gP30hU

36. الحـداد، «الإخـوان المسـلمون في تركيـا.. وهـم الخلافـة العثمانيـة في ثـوب إخـواني»، 13 أغسـطس 2014، عـلى الرابـط:
https://www.islamist-movements.com/3205

تأسيس حزب العدالة والتنمية، مكانة رائدة لديها في أنحاء العالم جميعه[37]، فيما استغل أردوغان الجماعة في تحقيق مصالحه الخاصة؛ فبحسب تقرير أصدره مركز الفكر العالمي جلوبسيك Globsec ومقره براتيسلافا في سلوفاكيا، فإن دعم الرئيس التركي لجماعة الإخوان جاء من منطلق سعيه لإبراز مكانته كـ «زعيم للعالم الإسلامي» ولإحياء وهم «الخلافة العثمانية»، وجني المزيد من الداعمين لحكمه[38].

في هذا الإطار، توطدت العلاقة بين تركيا و«الإخوان»، وحرصت أنقرة على دعم الجماعة بشكل صريح، وهو ما عبر عنه لورينزو فيدينو، حين قال في مقابلة مع موقع «أحوال» التركي إن الإخوان المسلمين في تركيا «يقودون دولة كبيرة مزدهرة، ويساعدون أقاربهم الآخرين. إنهم يلعبون دور العم الغني، الذي يتمتع بالقوة، والذي يتطلع إليه جميع أبناء أخيه (الإخوان) بحثاً عن الثناء»[39].

وقد استمر الدعم التركي للجماعة بعد سقوطها من الحكم في مصر عام 2013، حيث فتحت تركيا أبوابها لأعضاء «الإخوان» الهاربين من مصر، وسمحت لهم بالإقامة وممارسة نشاط إعلامي موجَّه ضد الدولة المصرية. وقد تطورت هذه العلاقة حتى إن ياسين أقطاي، نائب رئيس حزب العدالة والتنمية السابق، المستشار الرئيسي الحالي لأردوغان، قال صراحة: إن «الإخوان المسلمين يمثلون القوة الناعمة لتركيا»[40].

وقد لعبت تركيا دوراً مهماً في دعم جماعة الإخوان المسلمين في مختلف الدول الأوروبية؛ وذلك سعياً إلى استخدام الجماعة في تحقيق بعض المصالح الخاصة. ولا ننكر تركيا وجود هذا الدعم، بل إنها ألمحت إلى ذلك حين أكد الرئيس التركي رجب طيب أردوغان في مقابلة على القناة الألبانية

37. إلهان تانير، «تركيا أكبر داعم للإخوان المسلمين في العالم»، موقع أحوال تركية، 31 مايو 2019، على الرابط:
https://bit.ly/3gz7F7s

38. «الشباب وقود الإخوان في أوروبا بعد ثورة 30 يونيو»، موقع أخبارك، على الرابط: https://bit.ly/3dRfCTB

39. إلهان تانير، مرجع سابق.

40. سعيد شعيب، «هل تتنبه أوروبا لخطورة الدعم التركي لجماعة الإخوان المسلمين؟»، المركز المصري للفكر والدراسات الاستراتيجية، 11 أكتوبر 2020، على الرابط: https://www.ecsstudies.com/11562

في يونيو 2017، أنه ما من عيب على الإطلاق في دعم الأحزاب السياسية في دول البلقان والدول الأوروبية الأخرى التي تتشارك عقيدة مماثلة مع حزب العدالة والتنمية الإسلامي الذي يترأسه، معتبراً أنه ينبغي ألا يؤدي هذا الدعم إلى امتعاض أحد[41]. وبرغم أن أردوغان لم يشر صراحة إلى دعم جماعة الإخوان المسلمين في أوروبا، فإن قوله بدعم الأحزاب السياسية التي تتشارك عقيدة مماثلة مع حزب العدالة والتنمية يفيد بأن أنقرة تدعم أحزاباً قد تكون على علاقة مع جماعة الإخوان المسلمين أو حتى جماعات تابعة إليها أو تمثلها، وهو ما سيتم الإشارة إليه في جزء لاحق من هذا المحور.

ويشير بعض المحللين إلى أن صعود حزب العدالة والتنمية إلى الحكم في تركيا عام 2002 كان فارقاً في دعم تركيا لجماعة الإخوان في أوروبا، حيث تحولت البلاد منذ ذلك الحين إلى «قاعدة تنطلق منها الجماعة إلى أنحاء أوروبا كلها، موفرة لها الغطاء السياسي واللوجيستي والإعلامي لتمكينها من الحركة والانتشار والتأثير، وذلك خدمة لمشروع «العثمانية الجديدة» الذي أعلنه رسمياً عام 2010»[42].

وفي هذا السياق، أشار لورينزو فيدينو إلى أن الرئيس أردوغان بذل جهوداً كبيرة لتوسيع نفوذ جماعة الإخوان المسلمين في الغرب عموماً ودول أوروبا خصوصاً، وأوضح أن تركيا تعتبر أكبر مؤيد للإخوان في القارة العجوز، وأن أنقرة تجمع مساعدات من جمعية الصناعيين ورجال الأعمال المستقلين الأتراك المحافظين، والخطوط الجوية التركية، وغيرها من المؤسسات القريبة من حزب «العدالة والتنمية» في هذه الفئة، من أجل تقديمها إلى منظمات الإخوان في أوروبا[43].

وتستخدم تركيا بعض المنظمات في دعم جماعة الإخوان المسلمين في أوروبا؛ ومن هذه المؤسسات مؤسسة «مللي جوروش» التي تتبنّى العديد من مواقف «الإخوان» وأهدافهم وتكتيكاتهم،

---

41. ماغنوس نوريل، « نفوذ أردوغان في أوروبا: دراسة حالة من السويد»، موقع الحرة، 6 يونيو 2020، على الرابط: https://arbne.ws/3gFyuqn

42. جلال نصار، «الإخوان المسلمون في أوروبا: جماعة ضد الجميع بدعم تركي»، موقع The Asian 21، يناير 2021، على الرابط: http://ar.theasian.asia/archives/38579

43. إلهان تانير، مرجع سابق.

وتعمل منذ فترة طويلة في القارة العجوز، حيث يقدر عدد أعضائها والمتعاطفين معها بنحو 300 ألف وتتحكم في مئات المساجد، معظمها في ألمانيا[44]، بالإضافة إلى مؤسسة الإغاثة الإنسانية التركية (IHH) ووكالة التعاون والتنسيق التركية (TİKA)[45]، وهما ذراعا أنقرة اللذان تستخدمهما في تقديم المساعدات والدعم العيني والمادي إلى الجهات التي ترغب في دعمها، سواء كانت دولاً أو مؤسسات أو تنظيمات.

وإلى جانب هذه المنظمات هناك بعض الشخصيات التي تسهم في دعم تركيا للإخوان في أوروبا، حيث تدور الأحاديث حول رجلي الأعمال السوريين المنتميين إلى الجماعة، واللذين حصلا على الجنسية التركية لاحقاً، جمال الدين كريم وغازي مصرلي، حيث إن الأول هو رئيس جمعية رجال الأعمال العرب والأتراك «آرتياد»، كما يرأس «جمعية الحكمة» أيضاً، التي تعد إحدى الهيئات داخل «اتحاد المنظمات الإسلامية في أوروبا»، أحد التنظيمات التابعة ليوسف القرضاوي والإخوان في أوروبا، والثاني كان مشاركاً في السابق في إدارة شبكة الإخوان المسلمين الدولية في أوروبا بين عامي 1999 و2000 [46].

وتسعى تركيا لتحقيق مجموعة من الأهداف من وراء دعمها لـ «الإخوان» في أوروبا؛ فبحسب دراسة أعدها الصحفيان الفرنسيان كريستيان شينو وجورج مالبرونو، تركز الأجندة التركية في دعم «الإخوان» على الدعوة إلى تبنّي النسخة الأصولية من الإسلام التي تتبنّاها جماعة الإخوان المسلمين، وذلك في تناقض واضح مع مساعي الدول الأوروبية التي تهدف إلى تعزيز اندماج الجاليات المسلمة في مجتمعاتها[47]، بما يصب في النهاية في دعم نفوذ أنقرة في هذه الدول ويعزز قدرتها على الاستفادة من هذه الجاليات في تحقيق مصالحها الخاصة. وفي هذا الصدد، أشار محللون إلى أن تركيا تستخدم فروع الإخوان في أوروبا كورقة ضاغطة تصب في

44. سعيد شعيب، مرجع سابق.

45. «الشباب وقود الإخوان في أوروبا بعد ثورة 30 يونيو»، مرجع سابق.

46. سنان مارت، « الإخوان وأردوغان.. توافق فكري أم تحالف براغماتي بلباس كهنوتي؟»، موقع تركيا الآن، 9 ديسمبر 2020، على الرابط:
https://bit.ly/3tRCacF

47. «إهمال أوروبي للبلقان يحوله إلى قاعدة خلفية للإخوان المسلمين»، موقع ميدل إيست أونلاين، 26 يناير 2021، على الرابط:
https://bit.ly/3gEMDnO

مصلحـة مـشـروع أردوغـان والترويـج للصـورة الذهنيـة لـه بوصفه خليفـة وحاميـاً للقيـم والمبـادئ والشريعـة والمدافـع الأول عـن حقـوق المسـلمين حـول العالـم[48].

وقـد أثمـر دعـم تركيـا لجماعـة الإخـوان في أوروبـا تحقيـق بعـض مصالـح أنقـرة في القـارة العجـوز، ومـن أبرزهـا صعـود أحـزاب وجماعـات إسـلامية داعمـة لإدراج تقاليـد القانـون الإسلامي ضمن قانـون الدولة العلمـاني، حيـث اضطلعـت الجماعـة بـدور أسـاسي في انتشـار هـذه النزعـة في أوروبـا، بكونهـا نجحـت إلى حـد كبيـر في تقديـم نفسـها كممثلـة رئيسـية للمجتمعـات المسـلمة في دول أوروبيـة عديـدة، ويبـرز هـذا التأثيـر بشـكل خـاص في «اتحـاد المنظمـات الإسـلامية في أوروبـا» الـذي أسـسته جماعـة «الإخـوان المسـلمين»، والـذي يـشرف عـلى عـشرات المنظمـات في أوروبـا[49].

مظاهر الدعم التركي لـ «الإخوان» في أوروبا

هنـاك العديـد مـن الأمثلـة عـلى دعـم تركيـا لجماعـة الإخـوان المسـلمين في أوروبـا، ومـن بينهـا الدعـم الـذي تقدمـه لـ «الإخـوان» في ألمانيـا وبريطانيـا وفرنسـا وهولنـدا، وهـو مـا سـنتناوله على سـبيل المثال لا الحصـر، حيـث سـتتم الإشـارة إلى ملامـح مـن هـذا الدعـم.

1) ألمانيا:

تمثـل ألمانيـا إحـدى كبريـات الـدول الأوروبيـة التـي تدعـم فيهـا تركيـا جماعـة الإخـوان المسـلمين، حيـث يأخـذ هـذا الدعـم شـكلاً واضحـاً سـواء مـن خـلال تنظيـم «ملـلي جـوروش» أو عـبر التقـارب الكبيـر بين قيـادة هـذا التنظيـم وقيـادة «الإخـوان» في ألمانيا.

في هـذا الإطـار، ذكـر لورينـزو فيدينـو، الباحـث المتخصـص في شـؤون جماعـة الإخـوان المسـلمين في أوروبـا، أن ألمانيـا تضـم أكبر خليـة إخوانيـة في أوروبـا، وأن دعـم تركيـا للجماعـة ماليـاً وسياسـياً تزايـد

---

48. جلال نصار، مصدر سابق.

49. ماغنوس نوريل، مصدر سابق.

على مدار العقد الماضي، حيث اعتمدت تركيا طوال السنوات العشرين الماضية على المنظمات الإخوانية وحافظت على صلات مستمرة معهم للتأثير في الساحة الألمانية [50].

وقد أقام تنظيم «ملي جوروش» علاقات مع جماعة «الإخوان المسلمين» في ألمانيا، حيث ينشط التنظيم في ألمانيا ومساعدة الجماعة، من أجل الدفاع عن مصالح تركيا هناك، مستنداً في ذلك إلى ما يمتلكه من نفوذ واسع، فبحسب بيانات الاستخبارات الألمانية يصل عدد أعضاء التنظيم إلى 40 ألف شخص، ويتجاوز عدد المتعاطفين معه 100 ألف شخص، كما يمتلك 30 جمعية ناشطة، و511 مسجداً ومركزاً (زاوية) للصلاة، إضافة إلى 1091 حلقة دينية و2137 جمعية شبابية ونسائية، ويصدر مجلة دعوية باسم ''Mili Gazete ميلي جازيت''، ولديه قناة تلفزيونية باسم Kanal 7، لتسويق أيديولوجيته والترويج لأفكاره في أوساط الجالية التركية [51].

وقد كشفت تقارير استخباراتية ألمانية طبيعة العلاقة بين تنظيم «ملي جوروش» وجماعة الإخوان المسلمين، حيث أشارت في أحد تقاريرها إلى أن أجندة التنظيم الحقيقية «لا تختلف عن برنامج حليفه تنظيم الإخوان المسلمين، بل إنه أكثر وضوحاً في خطابه العدائي للقيم الغربية والاندماج». وأشارت إلى أن «التنظيمين يتعاونان ويتشاركان في مبادرات ونشاطات كثيرة ذات طابع سياسي ديني» [52].

كما أشارت الحكومة الألمانية في ردها على استجواب برلماني في 27 أكتوبر 2020 إلى الروابط التي تجمع قادة «ملي جوروش»، وتنظيم الإخوان المسلمين، ورئاسة الشؤون الدينية في أنقرة «ديانت» مع الاتحاد التركي الإسلامي للشؤون الدينية في ألمانيا «ديتيب»، وصرحت الحكومة الألمانية أن «هذه الروابط تظهر في الأحداث والفعاليات المنظمة بشكل مشترك أيضاً» [53].

---

50. «باحث أوروبي يحذر من نشاط فروع الإخوان وتركيا في القارة العجوز»، موقع (AFN News)، 20 أغسطس 2020، على الرابط : https://bit.ly/3nmOq2r.

51. محمد خلف، «الجماعة الغامضة: الإخوان المسلمون في أوروبا 3/3... جماعة «رؤيا الملة» في ألمانيا، موقع درج، 30 مايو 2018، على الرابط: https://daraj.com/5343

52. المرجع السابق.

53. سنان مارت، مرجع سابق.

ويبدو أن التعاون بين التنظيمين فرض على قيادتيهما توثيق الروابط العائلية لضمان سلاسة أكبر في التحركات والأنشطة المشتركة، إذ إن إبراهيم الزيات أحد أهم قادة «الإخوان» في ألمانيا متزوج من صبيحة أربكان، وهي أخت محمد صبري أربكان شقيق نجم الدين أربكان، الذي يدير فرع «ملي جوروش» في ألمانيا[54].

ويعد الزيات، بحسب بعض الباحثين، رابطة وصل حقيقية بين «الإخوان» وتنظيم «ملي جوروش»، بالنظر إلى كونه على صلة نسب بعائلة أربكان، ولما يمتلكه من نفوذ في أوساط إخوان ألمانيا، حيث تولى العديد من المناصب العليا في المنظمات ذات الميول الإخوانية في كلّ من ألمانيا وأوروبا، وحصل على لقب «العنكبوت في شبكة المنظمات الإسلامية» من الاستخبارات الألمانية، وهو مسؤول تنفيذي في شركة (EMUG) أيضاً، وهي شركة مقرها ألمانيا تدير أكثر من 300 مسجد في شبكة «ملي جوروش»، وتكشف عن تداخل الإخوان مع الأتراك[55].

وفي دلالة على مدى التعاون الوثيق بين الزيات وعائلة أربكان، يقول الباحث في شؤون الجماعات الإسلامية وأستاذ العلوم السياسية في جامعة لونبرغ الألماني أودو آلفكوتي «إن آل أربكان وآل الزيات يقودون شبكات من المنظمات العاملة والساعية لنشر التطرف الإسلامي في أوساط الجاليات التركية والعربية والإسلامية في ألمانيا»، وإن «جماعتي الإخوان وملي جوروش ناشطتان في مساعيهما لزيادة تأثيرهما السياسي لكي تصبحا الممثلتين الرسميتين للمجتمع المسلم في ألمانيا برمته، فإلى جانب ميزانيتيهما الممنوحتين بسخاء، تقدم مساجدهما خدمات اجتماعية، وتنظم مؤتمرات، وتوزع المنشورات السياسية والدعوية»[56].

2) بريطانيا:

تدعم تركيا بعض منظمات «الإخوان» في بريطانيا، وأهمها جمعية ائتلاف الخير التي تأسست عام 2000، ومهمتها المعلنة جمع الأموال لحركة «حماس»، ويرأسها حاليًا عصام مصطفى؛ عضو سابق في المكتب السياسي لحماس، وصديق حميم لزعيم الحركة إسماعيل هنية. ويتردد

54. جاسم محمد، «إبراهيم الزيات المسؤول الأول لتمويل جماعة الإخوان من ألمانيا»، موقع المركز الأوروبي لدراسات مكافحة الإرهاب والاستخبارات، 16 يوليو 2019، على الرابط: https://bit.ly/3fhD0Yi

55. سعيد شعيب، مرجع سابق.

56. محمد خلف، مرجع سابق.

عصـام مصطفــى علــى أنقـرة، حيـث يسـتقبله الرئيـس التـركي رجـب طيـب أردوغـان بالترحـاب، ويعمـل بشـكل وثيـق مـع مؤسسـة الإغاثـة الإنسـانية التركيـة. كمـا يشـغل منصـب أميـن بالإنابـة للصنـدوق الخـيري البريطـاني «إنتربـال»، ولديـه علاقـات مـع جميـع الجمعيـات الرئيسـية التابعـة للإخـوان في المملكـة المتحـدة[57].

3) فرنسا:

تتعـاون أنقـرة مـع منظمـات «الإخـوان» في فرنسـا للدفـاع عـن مصالـح تركيـا هنـاك، ولمنـع إقـرار سياسـات تراهـا غـير ملائمـة لتوجهاتهـا في دعـم تيـار الإسـلام السـياسي. ويمكـن، في هـذا الصـدد، الإشـارة إلى نجـاح الاتحـاد الـتركي الإسـلامي لمديريـة الشـؤون الدينيـة فـرع فرنسـا، والـذي يقـوده أحـد أعضـاء حـزب العدالـة والتنميـة، رجـل الأعـمال المقـرب مـن عائلـة أردوغـان، أحمـد أوغـراس، في عرقلـة صياغـة «ميثـاق المجلـس الوطنـي للأمّـة» الـذي طالبـت السـلطات الفرنسـية مـن مجلـس الديانـة الإسـلامية وضعـه لتنظيـم عمـل أمّـة المسـاجد، ومنـع التدخـلات الأجنبيـة في تنظيـم العبـادات الإسـلامية؛ حيـث تمكـن الاتحـاد الـتركي، باعتبـاره عضـواً في مجلـس الديانـة الإسـلامية، متحالفـاً مـع اتحـاد المنظـمات الإسـلامية – وهـو الفـرع الفرنسـي لجماعـة الإخـوان المسـلمين – مـن إسـقاط صيغـة الميثـاق لتضمنهـا رفضـاً للتدخـلات الأجنبيـة في تعييـن الأمّـة وتمويـل النشـاط الدينـي، وكذلـك رفـض أي نزعـات إسـلامية سياسـية داخـل دور العبـادة، وهـي محظـورات يمكـن أن تُجفِّـف منابـع الشـبكات الدينيـة التركيـة وحليفتهـا الإخوانيـة[58].

4) هولندا:

امتـد الدعـم الـتركي لجماعـة الإخـوان المسـلمين في هولنـدا، حتـى أنـه أثـار قلـق السـلطات الهولنديـة، حيـث أكـد البرلمـان الهولنـدي في تقريـر لـه صـدر في يوليـو 2020 أن القلـق يتزايـد في البـلاد مـن نمـو مجتمـع الإخـوان

57. سـامي مبيـض، «جماعـة الإخـوان المسـلمين في أوروبـا: نظـرة عـلى علاقاتهـا غـير العلنيـة بالشـرق الأوسـط وشـمال أفريقيـا»، موقـع عـين أوروبيـة عـلى التطـرف، 17 ينايـر 2021، https://bit.ly/331iozH

58. أحمـد نظيـف، «الاخـتراق الـتركي للاتحـاد الأوروبي: مظاهـره وأهدافـه والسياسـات المضـادة»، مركـز الإمـارات للسياسـات، 14 ينايـر 2021، عـلى الرابـط: https://bit.ly/3dTuPUq

وامتـداد تأثيـره عـلى مراكـز دينيـة كبيـرة، بعـد حصولـه عـلى دعـم لا محـدود مـن قبـل تركيـا ودول أخـرى، ووصـل في بعـض الأحيـان إلى عـشرات ملايـين الـدولارات، واسـتهدف الدعـم تحديـداً «المسـجد الأزرق» في أمسـتردام، و«مركـز الإسـلام الثقـافي في روتـردام»، ومركـز «ميدنويـج» [59].

وذكر التقريـر البرلمـاني الـذي أعدتـه «لجنـة التحقيـق البرلمانيـة بشـأن التأثير غـير المرغـوب فيـه مـن الـدول غـير الحـرة» أن السياسـة الرسـمية التركيـة تهـدف عـبر دعمهـا جماعـة الإخـوان هنـاك إلى إدامـة رؤيتهـا للإسـلام في هولنـدا مـن خـلال المسـاجد التي مّولتهـا رئاسـة الشـؤون الدينيـة التركيـة «ديانـت»، الـذراع الدينيـة للدولـة التركيـة، حيـث تديـر «ديانـت» منظمـة فرعيـة في هولنـدا تسـمى «المؤسـسة الإسـلامية الهولنديـة» التي تربـط 148 مسـجداً (حـوالي ثلث إجمالي المسـاجد في البـلاد) بـ «ديانـت» [60].

ويوضـح الخبـير في الحـركات الإسـلامية إريـك جـان زورشـر الآليـة التـي تتبعهـا تركيـا لدعـم «الإخـوان» في هولنـدا والترويـج لأفكارهـا في أوسـاط الجاليـة الإسـلامية هنـاك، حيـث توظـف تركيـا القنـوات الإعلاميـة والأفـلام والمسلسـلات التلفزيونيـة التي تحظـى بمشـاهدة كبـيرة مـن قبـل المجتمـع الإسـلامي في هولنـدا لتدجـين النـاس وتطويعهـم لقبـول الثقافـة الإخوانيـة [61].

خامساً: الإجراءات الأوروبية في مواجهة خطر الإخوان المسلمين:

لم تـدرك الحكومـات الأوروبيـة خطـر جماعـة الإخـوان المسـلمين إلا خـلال السـنوات الأخـيرة عندمـا بـدأت تعـاني مـن جـراء تبعـات موجـة التطـرف والإرهـاب التـي تغذيهـا تيـارات الإسـلام السـياسي عامـة، وجماعـة الإخـوان المسـلمين خاصـة؛ وهـذا التأخـر في إدراك حقيقـة الخطـر الإخـواني يمكن رده بالأسـاس إلى عاملـين أساسـيين:

- الأول يرتبـط بسياسـة التَّقيَّـة التـي يتبناهـا التنظيـم الإخـواني، والتـي تعـد مـن أهـم نقـاط قـوة المـشروع الإخـواني وإحـدى أدواتـه الرئيسـية في اخـتراق المجتمعـات عامـة، والأوروبيـة منهـا خاصـة.

---

59. «الخطـر الأكبر: أمـوال قطـر وتركيا تتدفـق عـلى إخـوان أوروبـا»، موقـع تركيا نيـوز 365، 1 يوليـو 2020، عـلى الرابـط: https://bit.ly/3sPtbHC

60. المرجع السابق.

61. المرجع السابق.

- والثـاني عـدم وجـود أدلـة مباشرة في البدايـة تربـط الإخوان المسـلمين بأحـداث العنف والإرهاب التـي شـهدتها المجتمعـات الأوروبيـة في السـابق، ووجـود بعـض الآراء التـي تـروج للجماعـة باعتبـار أنهـا تمثـل تيـاراً سياسياً معتـدلاً مقابل الجماعـات الأكثر تطرفـاً.

ولكـن مـع تنامـي نزعـات التطرف والإرهاب داخـل القـارة الأوروبيـة، وتزايـد التدقيـق في أنشـطة جماعـة الإخـوان المسـلمين وخطاباتهـا، بدأنـا نشـهد مـا يمكـن أن نصفـه بـ «انتفاضـة أوروبيـة» في مواجهـة الجماعـة، مـن خـلال التحـرك لاتخـاذ مجموعـة متنوعـة مـن الإجـراءات التـي تسـتهدف تشـديد الرقابة على نشـاطاتها وعـلى الجهـات والمؤسسـات التابعـة لهـا أو المدعومـة منهـا، وتقييـد مصادر تمويلهـا، وصـولاً إلى طـرح المشـروعات التـي تسـتهدف وصمها بالإرهاب، وهـو مـا يمكـن توضيحـه عـلى النحـو التـالي:

1- فرنسا:

لم يبـدأ اهتـمام فرنسـا بمراجعـة نشـاط تيـارات الإسـلام السـياسي، وعـلى رأسـها جماعـة الإخوان المسـلمين، إلا عقـب الاعتـداءات عـلى مجلـة شـارلي إبـدو الفرنسية السـاخرة في ينايـر 2015، تلـك الاعتـداءات التـي كانت صادمـة للـرأي العـام الفرنسي، وشـكلت محفـزاً عنـد بعـض المؤثريـن في صناعـة القـرار مـن ذوي المرجعيـة اليمينيـة عـلى الخصـوص، لـكي يتـم الاشـتغال عـلى موضـوع تأطير الإسـلام في فرنسـا. ولكـن الدولة الفرنسية لم تبـدأ في اتخـاذ إجـراءات جديـة إلا بعـد تـولي الرئيـس الفرنسي إيمانويـل ماكرون السـلطة عـام 2017؛ ففي العـام التـالي 2018 أعلـن ماكرون أن «تنظيـم الإسلام في فرنسا سـيكون هـذه السـنة [يقصد سـنة 2018] أحـد الملفـات الأساسية لحكومتـه، باعتبـاره أحـد أهـم وأقدم القضايا العالقة في فرنسـا»[62].

وفي أكتوبـر 2020 ألقـى ماكرون خطابـه المطـول حـول وضـع المسـلمين وجماعـات الإسـلام السـياسي في بـلاده، والـذي جـاء بالتزامـن مـع الهجـمات التـي راح ضحيتهـا المـدرس الفرنسي «صامويـل بـاتي» عـلى الأراضي الفرنسـية، وأكـد في هـذا الخطـاب عـلى ضرورة التصدي لمـا وصفـه بـ «الانعزاليـة الإسلامية» التـي تغذيهـا جماعـات الإسـلام السـياسي، ومواجهـة سـعي هـذه الجماعـات إلى إقامة مـا وصفـه بـ «نظـام مـوازٍ» داخـل فرنسـا ينكـر قيـم الجمهوريـة ويحـرض عليهـا. ورغـم الجـدل الـذي أثـاره

---

62. يوسـف لهـلالي، «مواجهـة بـين رئيـس فرنسـا ورئيـس المجلـس الفرنسي لديانـة الإسلامية»، موقـع أنفـاس بريـس، 81 مـارس 2018، عـلى الرابـط: 34-30-01-18-03-2018-36646/https://www.anfaspress.com/index.php/news/voir

الخطاب، ولاسيما حديثه عما وصفه بـ «أزمة الدين الإسلامي»[63]، إلا أنه كشف عن حقيقة إدراك رأس الدولة الفرنسية لخطر المشروع الإخواني الهادف إلى بناء دولة موازية للدولة الوطنية، وبناء مجتمعات موازية داخل المجتمع الفرنسي تدين للجماعة، وهو ديدن الجماعة في كل مكان[64].

وقد جاء خطاب ماكرون عاكساً للمخاوف المتزايدة التي تجتاح فرنسا وأوروبا من تنامي الدور الذي تلعبه جماعات الإسلام السياسي، وخاصة جماعة الإخوان المسلمين، والتي تستغل أوضاع الجاليات الإسلامية في أوروبا لزرع أفكارها وتوجهاتها المتطرفة في عقول هذه الجاليات وتجنيد المزيد من المتطرفين في صفوفها، بل وإرسالهم إلى جبهات القتال في الخارج، مثلما حدث مع آلاف الشباب الأوروبي الذين انضموا إلى تنظيم داعش في السنوات الماضية.

إن الفكرة الأساسية في خطاب ماكرون – كما يفهم من السياق – لم تكن التضييق على الجاليات المسلمة كما حاول تصويرها الموالون لجماعة الإخوان المسلمين وتنظيمات الإسلام السياسي الأخرى والدول الداعمة لها، بل هي محاولة لتشخيص مشكلة هذه الجاليات في فرنسا والغرب، والمتمثلة أساساً في خطورة التأثيرات الخارجية السلبية التي تتعرض لها، وخاصة من قبل جماعات الإسلام السياسي وعلى رأسها الإخوان[65]، والتي أسهمت في تعزيز انعزالية هذه الجاليات عن المجتمع الفرنسي، وعملت على محاولة زرع أفكارها المسمومة التي تكفر المجتمع، بما يفضي إلى تحقيق هدفها المتمثل في إرساء نظام سياسي مُوازٍ ومتصادمٍ مع النظام القائم.

وبطبيعة الحال لم ينف ماكرون مسؤولية سلطات بلاده عن الأوضاع التي دفعت الجاليات المسلمة للعيش في مجمعات سكنية منعزلة أو ما وصفه بالـ «غيتوهات» وتحويلهم إلى صيد سهل للجماعات الدينية المتطرفة، حيث قال في خطابه: «قمنا بتجميع السكان بموجب أصولهم، ولم نعمد

63 . Daisy Lester, "President Macron says Islam 'in crisis all over the world', prompting backlash", Independent, 02 October 2020. https://www.independent.co.uk/news/world/europe/macron-france-islam-speech-seperatism-religion-b746835.html

64. «خبراء وباحثون: بناء الدولة الموازية نهج ثابت لـ «الإخوان» الإرهابية في مواجهة الدولة الوطنية»، صحيفة الوطن، الإمارات، 22 أكتوبر 2020. على الرابط: https://alwatan.ae/?p=693732

65. نيفين مسعد، «ماكرون والصحوة الجمهورية»، صحيفة الأهرام، القاهرة، 10 أكتوبر 2020. على الرابط: https://gate.ahram.org.eg/News/2501756.aspx

إلى إحـلال مـا يكفـي مـن الاختـلاط، ولا مـا يكفـي لتمكينهـم مـن التـدرج الاقتصـادي والاجتماعـي»، مشـددا أنهـم (أي جماعـات الإسـلام السـياسي) «بنـوا مشروعهـم عـلى تراجعنـا وتخاذلنـا»[66].

وانطلـق ماكـرون مـن هـذا ليعلـن عـن حزمـة مـن الإجـراءات والتدابـير لتصحيـح هـذا الوضـع؛ مثـل: إلـزام أي جمعيـة تطلـب مسـاعدة مـن الدولـة بالتوقيـع عـلى ميثـاق للعلمانيـة، وفـرض إشـراف مشـدد عـلى المـدارس الخاصـة الدينيـة التـي تخضـع لهيمنـة هـذه الجماعـات، والحـد بشـكل صـارم مـن التعليـم الـدراسي المنـزلي، وهـي إجـراءات ربمـا أثـارت قلـق جماعـات الإسـلام السـياسي وخاصـة الإخـوان المسـلمين التـي لا تريـد فـرض أي رقابـة عـلى أنشـطتها.

والملاحـظ أن هـذه المخـاوف مـن تيـار الإسـلام السـياسي وعـلى رأسـه جماعـة الإخـوان المسـلمين لم تعد مقصـورة عـلى أولئـك المصنَّفـين عـلى اليمـين المتشـدد عـلى غـرار مـا كان يحصـل بكـثرة في السـنوات الماضيـة، بـل بـات يتـم التعبـير عنهـا مـن قبـل سياسـيين ومعلقـين مـن جميـع ألـوان الطيـف السـياسي، ومـن ثَـمّ يمكـن اعتبـار موقـف الرئيـس ماكـرون ليـس بوصفـه حالـة شـاذة، بـل هـو ببسـاطة قمـة جبـل الجليـد الـذي بـدأ في الذوبـان.

وترجمـة لهـذا بـدأت الدولـة الفرنسـية في اتخـاذ إجـراءات مهمـة لمكافحـة هـذه التيـارات؛ ففـي نوفمبر 2019 تـم تأسـيس لجنـة مكافحـة تطـرف الإسـلام السـياسي في مجلـس الشـيوخ الفرنـسي بمبـادرة مـن حـزب الجمهوريـين، وتتكـون هـذه اللجنـة مـن حـوالي ثلاثـين عضـوًا، وفي شـهر يوليـو 2020 تقدمـت هـذه اللجنـة بـ 44 مقترحـاً لمكافحـة خطـر المـد الإخـواني، مـن بينهـا «الحظـر»، ضمـن تقريـر تضمـن مخـاوف مـن تطـرف الإسـلام السـياسي.

وتحـدث هـذا التقريـر صراحـة عـن سـعي هـذه التيـارات لإعـادة «إحيـاء الخلافـة»، مشـيراً إلى أن تنظيم الإخـوان يتغلغـل في جميـع جوانـب الحيـاة الاجتماعيـة مسـتفيداً مـن أجـواء الحريـة الفرديـة. وطالبت اللجنـة بفـرض حظـر عـلى تنظيـم الإخـوان عـلى الأراضي الفرنسـية، وحثـت أعضـاء مجلـس الشـيوخ بإلـزام الجمعيـات ذات الطبيعـة الدينيـة بالشـفافية في مواردهـا، وخاصـة تلـك القادمـة مـن الخـارج،

---

66. «مـا هـي دوافـع الرئيـس الفرنـسي لانتقـاد «النزعـات الانعزاليـة» للمسـلمين؟»، موقـع بي بي سي عـربي، 4 أكتوبـر 2020. عـلى الرابـط: https://www.bbc.com/arabic/interactivity-54411217

كـما وصـف وزيـر الداخليـة الفرنسـي في الشـهر نفسـه تيـار الإسـلام السـياسي بأنـه «العـدو القاتـل للبـلاد»[67].

كـما صرح آلـين شـويت، الرئيـس السـابق للمديريـة العامـة للأمـن الخارجـي (DGES)، وهـو جهـاز الاسـتخبارات الخارجيـة الفرنسـي الـذي تـم حلـه، قائـلاً: «إن تنظيـم القاعدة مجـرد حلقة قصيرة، وأداة نفعيـة براجماتيـة في كيـان الإخـوان المسـلمين، الـذي وصـل عمـره إلى مئـة عـام، والخطـر الحقيقـي يكمـن في توسـع جماعـة الإخـوان المسـلمين، وزيـادة أعـداد جمهورهـا»[68].

2- ألمانيا:

تحركـت ألمانيـا بدورهـا لمواجهـة خطـر جماعـة الإخـوان المسـلمين، فقـد حـذَّر المكتـب الاتحـادي الألمـاني لحمايـة الدسـتور مـن الخطـر الوشـيك الـذي يشـكله «الإخـوان»، واصفـاً تنظيمهـم بالشـمولي. وأكَّـد في تقريـر اسـتخباراتي داخلـي أن هـذا التنظيـم الإسـلاموي يشـكِّل «تهديـداً للديمقراطيـة أكبـر مـن تهديـد المنظمـات الإرهابيـة مثـل تنظيـم القاعـدة وتنظيـم داعـش...»، وأنـه يهـدد المبـادئ الدسـتورية والديمقراطيـة في ألمانيـا[69].

ووفقـاً للتقريـر، خضعـت 10 % مـن مسـاجد ألمانيـا للرصـد والمراقبـة بحثـاً عـن أي أنشـطة متطرفـة مشـبوهة؛ ففـي ولايـة شـمال الرايـن - وسـتفاليا، عـلى سـبيل المثـال، يخضـع 109 مسـاجد لمراقبـة اسـتخباراتية مسـتمرة، ويُعتقَـد أن 16 منهـا يخضـع لتأثير الإخـوان المسـلمين المتطـرف، غـير أن هـذه المراقبـة الحكوميـة - للأسـف - دفعـت بالأنشـطة المتطرفـة إلى خـارج مبـاني المسـاجد؛ الأمـر الـذي يزيـد مـن احتـمال اللجـوء إلى الأعـمال السـرية.

---

67. «تقريـر للشـيوخ الفرنسـي يحـذر مـن «الإخـوان» ويطالـب بحظرهـا»، بوابـة العـين الإخباريـة، 10 يوليـو 2020. عـلى الرابـط: https://al-ain.com/article/french-senat-brotherhood

68. As quoted in Caroline Fourest, Brother Tariq: The Doublespeak of Tariq Ramadan (New York City: Encounter, 2008). Page 103.

69. Federal Ministry of the Interior (Germany) (2018) Brief Summary. 2018 Report on the Protection of the Constitution. Facts and Trends. https://www.verfassungsschutz.de/en/download-manager/_annual-report-2019-summary.pdf

واستجابة للتقريـر، صرحـت وزارة الداخليـة في ولايـة مكلنبـورغ فوربومـرن أنهـا تفكِّر بجديـة في استحداث نظام لتمويـل المسـاجد علـى غـرار نمـوذج تمويـل الكنائـس بهدف إلغـاء التمويـل الأجنبـي. كـما أن تحصيـل إيـرادات المسـاجد مـن المجتمـع المسـلم المحلـي، وفقـاً لضريبـة المسـاجد، سيسـاعد إلى حـدٍّ كبـير في تقليـل التأثير الأجنبـي المتطـرف علـى المجتمـع المسـلم المحلـي وخفـض المبالـغ الكبـيرة المتدفقـة مـن التمويـل الأجنبـي، وتحديـداً مـن تركيـا.

ويجسـد تقريـر آخـر صـدر عـن أجهـزة الأمـن في منطقـة شـمال الرايـن - وسـتفاليا، وهـي الولايـة الأكـثر اكتظاظـاً بالسـكان، هـذه المخـاوف مـن الإخـوان المسـلمين، حيـث يقـول التقريـر: «في السـنوات الأخـيرة، كان المؤيـدون المحليـون لجماعـة الإخـوان المسـلمين قادريـن علـى اسـتغلال التركيـز العلنـي العـام علـى الجهاديـة والصعـود المذهـل لجماعـة داعـش (ISIS) ثـم سـقوطها، لـكي يقدمـوا أنفسـهم علـى أنهـم يمكـن أن يشـكلوا بديـلاً لا يخلـق إشـكالية ويحـل محـل الإسـلامويين الذيـن يميلـون للعنـف، ويمكـن أن يكونـوا نقطـة تواصـل للمؤسسـات الحكوميـة والأطـراف الفاعلـة في المجتمـع المـدني. وهكـذا، يمكـن لجماعـة الإخـوان المسـلمين أن تصبـح ممثـلاً لمصالـح المسـلمين في الدولـة والمجتمـع، وهـذا التطـور لـن يكـون مقبـولاً للمجتمـع ككل ولنظامنـا الديمقراطـي»[70].

وفي فبرايـر 2020 ناقـش البرلمـان الألمـاني مشـروع قـرار ينـص علـى فـرض رقابـة قويـة ضـد جماعـة الإخـوان في البـلاد، قبـل أن يحيلـه إلى لجنـة الأمـن الداخلـي لمناقشـته، في خطـوة أولى نحـو إقـراره، لكنـه تعطـل بسـبب فيـروس كورونـا المسـتجد. ويعتـبر هـذا المشـروع الـذي قدمـه حـزب البديـل لأجـل ألمانيـا، حـزب المعارضـة الرئيسـي، أول تحـرك جـاد في البرلمـان الألمـاني لمواجهـة خطـر الإخـوان، ويصـف المشـروع «جماعـة الإخـوان بأنهـا العقل المدبـر الـذي يقـف وراء شـبكة الإسـلام الراديـكالي المنتـشرة في ألمانيـا». ويقـول: «أنشـأ الإخـوان شـبكة قويـة مـن الجمعيـات والـشركات والمؤسسـات التعليميـة»، مضيفـاً أن «إنكار المنظـمات الفرعيـة في ألمانيـا

---

70. انظر الرابط: https://www.im.nrw/system/files/media/document/file/VS_Bericht_2018.pdf.

تبعيتها للإخوان علناً يجعل هـذه المنظمات أكـثر خطورة؛ لأن العمـل السـري وإخفـاء الروابـط مـع الجماعـة الأم أحـد أهـم خصائص الإخوان منـذ تأسيسها»[71].

3- بريطانيا:

تُعد بريطانيا مركزاً رئيسياً للإخوان في أوروبا، حيث أسست الجماعة وجودها في الأراضي البريطانية في ستينيات القرن الماضي، كمـا تحتضـن العاصمة البريطانية العديد مـن قيادات جماعـات الإخوان المسـلمين. لكـن هـذا التوجـه المتسامح مـع جماعـة الإخوان في بريطانيـا بـدأ يشـهد في السـنوات الأخيرة تراجعاً ملحوظاً مقابل ارتفاع الأصوات التي تحـذر مـن خطرها. وتمثل التطور الأبـرز في هـذا المجـال في قيـام حكومة ديفيد كاميرون بإجـراء مراجعة لملف الإخوان بـين عامـي 2014 و2015، وخلص التقريـر الـذي أعدته الحكومـة البريطانيـة حـول نشـاطات الجماعـة ونشـرته في ديسـمبر 2015 إلى أن عضويـة الجماعـة أو الارتباط بهـا يجب أن يعـد مؤشراً ممكنـا للتطرف، ولكنـه خلص أيضاً إلى أنـه لا ينبغـي تصنيـف الجماعـة عـلى أنها منظمـة إرهابيـة ولا ينبغـي حظرهـا[72].

4- السويد:

تبنـت السـويد بعض الإجـراءات للتدقيـق بصـورة أكـبر عـلى مؤسسـات حكوميـة مختلفة تمول منظمات إسـلاموية غـير حكوميـة، لتنفيـذ أنشـطة في حقـول الاندمـاج الاجتماعـي، أو المسـاعدات الدولية أو منع التحـول إلى التيـارات الراديكاليـة، حيـث سـحبت جمعية الشباب والمجتمع المدني (MUCF) تمويلهـا للجماعـة الإسـلاموية المحليـة المرتبطـة بالإخـوان المسـلمين.

وحسـب بيانـات جمعيـة الشـباب السـويدية هـذه، فـإن الجماعـة المحليـة توجّـه الكثـير مـن الدعوات إلى الواعظـين الذيـن يتبنـون أفـكاراً متطرفة، وهـذه السـلوكيات تجعـل التـزام الجماعة الإسـلاموية السـويدية بالديمقراطيـة – وهـذا يُعتـبر الـشرط الأسـاسي لـكي تحصـل عـلى تمويـل حكومـي – موضع

<hr>

71. «تقرير للشيوخ الفرنسي يحذر من «الإخوان» ويطالب بحظرها»، مرجع سابق.

72. «الحكومـة البريطانيـة: الارتبـاط بالإخوان مـؤشر محتمـل عـلى التطرف لكـن الجماعة لـن تُحظـر»، بي سي عربي، 17 ديسـمبر 2015. عـلى الرابـط: https://bbc.in/2PwpjNW

شـك[73]. وفي مـارس 2017 قالـت وكالـة الطـوارئ المدنيـة في السـويد، وهـي إحـدى إدارات وزارة الدفـاع، إن جماعـة الإخـوان المسـلمين تعمـل سـراً عـلى قيـادة الإسـلاميين ومنظماتهـم عـلى اخـتراق المجتمـع المـدني في السـويد، سـواء المنظمـات أو الأحـزاب السياسـية، وإنشـاء مجتمـع مـوازٍ داخـل البـلاد[74].

5- النمسا:

في فبرايـر 2019، أصـدرت وزارة الداخليـة النمسـاوية قانونـاً تنفيذيـاً يحظـر 13 علمـاً ورمـزاً مختلفـاً لتنظيمـات إرهابيـة، حيـث ظهـر شـعار جماعـة الإخـوان المسـلمين باللـون الأخـضر (سـيفان تتوسـطهما كلمـة «وأعـدوا»)، بوصفـه أول رمـز في قائمـة الحظـر. كـما أعلنـت الحكومـة النمسـاوية في فبرايـر 2020 تأسـيس مركـز توثيـق الإسـلام السـياسي عـلى غـرار مركـز توثيـق اليمـين المتطـرف، وخصصـت ميزانيـة مبدئيـة بمبلـغ نصـف مليـون يـورو للمركـز الـذي يتـولى مراقبـة الإخـوان والتنظيـمات التركيـة وغيرهـا في البـلاد، بمـا في ذلـك المسـاجد ومواقـع التواصـل الاجتماعـي. ويتمثـل دور المركـز في تحليـل اتجاهـات الإسـلام المتطـرف وخاصـة الإخـوان، وتوثيـق تجاوزاتهـا[75].

هـذه النـماذج والإجـراءات التـي اتخذتهـا بعـض الـدول الأوروبيـة تعكـس توجهـا أوروبيـاً عامـاً يعـبر عـن الشـعور بالقلـق مـن نشـاطات جماعـة الإخـوان المسـلمين وخطرهـا، ولكـن لم تصـل أي دول أوروبيـة إلى حظـر الجماعـة. كـما يلاحـظ أن هـذه الإجـراءات فرديـة وليسـت ضمـن نطـاق تحـرك أوروبي مشـترك، وهـو مـا يقلـل مـن فاعليتهـا.

سادساً: تحجيم الخطر الإخواني في أوروبا واحتواؤه.. توصيات مقترحة

في ضـوء التغلغـل الإخـواني في أوروبـا، سياسـياً واقتصاديـاً وتعليميـاً وثقافيـاً، كـما أوضحـت الدراسـة، فـإن هنـاك ضرورة للتحـرك نحـو تحجيـم الخطـر الإخـواني في أوروبا واحتوائـه، ويمكـن في هـذا السـياق اقـتراح التوصيـات التاليـة:

---

73. Stockholm's administrative court, Case 1383-19, October 31, 2019.

74. «»إيـلاف« تكشـف خطـط الإخـوان لاخـتراق الـدول الإسـكندنافية»، موقـع إيـلاف، 22 مـارس 2017، عـلى الرابـط:
https://elaph.com/Web/News/2017/3/1138892.html

75. «تقرير للشيوخ الفرنسي يحذر من «الإخوان» ويطالب بحظرها»، مرجع سابق.

1. مواجهة الخطاب الإخواني في أوروبا معرفياً

مـن خـلال العمـل عـلى تفكيـك وتعريـة الأفـكار المؤسسـة لأيديولوجيـة جماعـة الإخـوان، وتبيـان خطورتهـا عـلى المجتمعـات الأوروبيـة. ومـن شـأن أي تحليـل نقـدي للنصـوص التأسيسـية للإسـلاموية وخصوصـاً جماعـة الإخـوان، أن يظهـر مـا يطلـق عليـه «متلازمـة الإخـوان المسـلمين»[76]؛ أي مجموعة من العلامـات والأعـراض والظواهـر المرتبطـة مـع بعضهـا تُـلازم وتَنتـج عـن أي تواجـد لهـم في الفضـاء العام وتتنـافى مـع القيـم الأساسـية للمواطنـة والعيـش المشـترك، خاصـة في ظـل محاولـة احتكارهـم الحقيقـة والديـن، والاستعـلاء بنمـط تديّنهـم عـلى المجتمـع، وتبنيهـم شعار «أينـما تكـون مصلحة الجماعـة فثَمّ وجـه اللـه» في ممارسـتهم السياسـية، ولمبـدأ التكفيـر المبـرِّر للعنـف في نهجهـم السـياسي للوصـول للحكـم، مسـتندين إلى الاعتقـاد بكونهـم الفرقـة الناجيـة الحارسـة للديـن، وغيـاب مفهـوم المواطنـة وسـيادة فكـرة ولاء الفـرد للجماعـة وامتداداتهـا العابـرة لحـدود الدولة الوطنيـة.

وفي هـذا السـياق، فإنـه يمكـن توظيـف وسـائل التواصـل الاجتماعـي في تفكيـك وتعريـة الأفـكار المؤسسـة لأيديولوجيـة جماعـة الإخـوان المسـلمين، خاصـة أنهـا باتـت منصـة مثاليـة للجماعـات المتطرفـة والإرهابيـة لنشـر أفكارهـا الهدامـة وتجنيـد النـشء والشـباب وغسـل أدمغتهـم[77]. ومواجهـة هـذه المخاطـر تتطلـب التحـرك عـلى مسـتويين:

- الأول: ضرورة العمـل عـلى تطويـر اسـتجابات مناسبة لمنع التنظيمـات المتطرفـة والإرهابيـة، ومنهـا جماعـة الإخـوان المسـلمين، مـن اسـتخدام وسـائل التواصـل والتكنولوجيـا الحديثـة في تحقيـق أهدافهـا الخبيثـة وتوعيـة الـرأي العـام بخصوصها.

- الثـاني: ضرورة مطالبـة شركات التكنولوجيـا العالميـة بالتصدي لمحـاولات التوظيـف السـيئ لتطبيقاتهـا المختلفـة مـن قبـل الجماعـات المتطرفـة، والتـي باتـت تهـدد السـلم الاجتماعـي

---

76. وائل صالح، «لمـاذا تتعاطـف دوائـر عديـدة في الأكاديميـا الغربيـة مـع الإسـلاموية؟ هـل تتوافـق الإسـلامويّة مـع المواطنـة والعيـش المشـترك؟»، مؤمنـون بـلا حـدود، 1 فبرايـر 2021، عـلى الرابـط: https://bit.ly/2S7TGeH

77. أشرف العيسـوي، «وسـائل التواصـل الاجتماعـي: تأثـيرات متناميـة وأدوار شـائكة في العـالم العـربي»، مركـز ترينـدز للبحـوث والاستشـارات، 25 مـارس 2021، عـلى الرابـط: https://bit.ly/3dVunVz

في الكثيـر مـن المجتمعـات. بـل ويمكـن توظيـف وسـائل التواصـل الاجتماعـي في التصـدي لأيديولوجيـة هـذه الجماعـات وأفكارهـا الهدامـة.

وهنـاك العديـد مـن التجـارب المهمـة التي يمكـن الاسـتفادة منهـا في هـذا الشـأن، كتجربـة «مركـز صـواب»، الـذي تـم تأسيسـه بالتعـاون بيـن دولـة الإمـارات العربيـة المتحـدة والولايـات المتحـدة الأمريكيـة عـام 2015 بهـدف التصـدي للأفكار المغلوطـة وتصويبهـا عبـر وسـائل التواصـل الاجتماعـي، وإتاحـة مجـال أوسـع لإسـماع الأصـوات المعتدلـة التي ترفـض الأفكار المتطرفـة والأعمـال الإرهابيـة وتقـف ضـد الأفكار المنحرفـة[78].

2. تفكيك الخطاب المتعاطف مع الإخوان في أوروبا ونقده

يبـدو أن هنـاك لوبيّـات أكاديميـة تسـعى لنشـر حالـة مـن «الفـوضى المعرفيـة»، التـي تسـعى لتأسـيس هيمنـة معرفيـة، تهـدف إلى فـرض تفسـير يتوافـق فقـط مـع مصالـح الجماعـات الإسـلامية وحلفائهـا الاسـتراتيجيين، خاصـة إذا مـا تـم الأخـذ في الاعتبـار حقيقـة أن المقـولات التـي يعتمـد عليهـا المتعاطفـون مـع الإخـوان، مـن الفاعليـن في المجـال السياسـي والثقـافي والدينـي، هـي مقـولات غيـر صحيحـة وغيـر مبنيـة عـلى قـراءة صحيحـة للحـركات الإسـلاموية وفكرهـا المسـيس، لكنهـا أصبحـت مـن المسلَّمات في اللاوعـي الجمعـي. وهـي أفكار مـن قبيـل أن الإسـلاموية الإخوانيـة لاهـوت تحريـر، أو أنهـا تيـار ينتمـي إلى مـا بعـد الحداثـة، أو أن تشـدد الإخـوان هـو مجـرد رد فعـل عـلى الغـزو الثقـافي الغـربي، أو حصـر أسـباب تطـرف وعنـف بعضهـم فقـط في التهميـش الاقتصـادي والاجتماعـي والسياسـي، وإغفـال الـدور المحـوري الـذي تلعبـه الأيديولوجيـا، أو أن الإسـلاموية الإخوانيـة تتوافـق أو يمكـن لهـا أن تتوافـق في المسـتقبل مـع المواطنـة والعيـش المشـترك عـلى النمـط الغـربي الحـالي[79].

ومـما لا شـك فيـه، أن تلـك المقـولات المغلوطـة، والتـي تحولـت مـع مـرور الوقـت إلى مسلَّمات غيـر مطروحـة للنقـاش وإعـادة النظـر، تصـب في صالـح حـركات الإسـلام السياسـي؛ لأنهـا تدفـع تلقائيـاً ليـس

<hr>

78. المصدر السابق.

79. لمزيد من التفصيل، انظر: وائل صالح، «لماذا تتعاطف دوائر عديدة في الأكاديميا الغربية مع الإسلاموية؟»، مرجع سابق.

فقط نحو قبول هذه الحركات دون إدراك مخاطر فكرها وسلوكها العنيف، بل تقدم أيضاً التبرير الأكاديمي «العلمي» المتسرع لإقدام بعض المؤسسات السياسية، بل الدول الغربية، على التعاون مع هذه الحركات.

ومن هنا، فإن مجابهة الإخوان من خلال تفكيك الخطاب المتعاطف معهم في أوروبا ونقده هو الطريق الناجع للحد من تأثيرهم في المجتمعات الغربية والحد من درجة خطورة مناكفتهم وتشويههم للدول العربية.

3. **محاصرة مصادر تمويل جماعة الإخوان المسلمين في أوروبا وتجفيفها**

لا شك أن الاقتصاد يمثل ركيزة رئيسية لدى جماعة «الإخوان المسلمين» حيث يتم توظيفه في خدمة مشروع الجماعة الفكري والسياسي، والعكس صحيح حيث يتم توظيف أيديولوجية الجماعة من أجل تحقيق الثراء وجني الأموال. ولهذا فإن التحرك نحو تجفيف مصادر تمويل جماعة الإخوان المسلمين في أوروبا قد يكون أحد المداخل الرئيسية لاحتواء الخطر الإخواني، خاصة أن الجماعة تعتمد على مشاريعها واستثماراتها هناك في التجارة الحلال للحصول على التمويل الكافي لنشر مشروعها الأيديولوجي والسياسي. ويمكن التحرك على هذا المستوى من خلال مسارات متوازية، أبرزها[80]:

– فرض المزيد من الرقابة على الجمعيات الخيرية التابعة للجماعة في أوروبا والغرب، والتي تقدم نسبة كبيرة من أموال تبرعات هذه الجمعيات لتنظيمات متطرفة وإرهابية.

– العمل على سد الثغرات القانونية والمالية التي تستغلها الجماعة في بناء شبكتها المالية والاقتصادية.

– ابتكار أدوات جديدة لمواجهة أساليب الإخوان في إخفاء أنشطتهم الاقتصادية ومصادر تمويلهم الرئيسية.

---

80. «في الندوة الأخيرة لـ «منتدى تريندز السنوي الأول حول الإسلام السياسي» خبراء وباحثون يؤكدون ضرورة العمل على تجفيف منابع إمبراطورية الاقتصاد الإخواني»، مركز تريندز للبحوث والاستشارات، 26 ديسمبر 2020، على الرابط: https://bit.ly/3vrvnH1

- العمـل عـلى كشـف اسـتراتيجية الجماعـة التـي توظـف مـن خلالهـا الديـن لخدمـة أهدافهـا الاقتصاديـة.

- توعيـة الـرأي العـام الـدولي بخطـورة المـمارسـات الاقتصاديـة لجماعـة الإخـوان المسـلمين في الـدول الأوروبيـة والغربيـة، وخاصـة فيـما يتعلـق بمحاولـة السـيطرة عـلى تجـارة الحـلال والسـياحة الدينيـة؛ لكونهـما مـن أهـم روافـد تمويـل إمبراطوريـة الاقتصـاد الإخـواني.

- تعزيـز التعـاون الـدولي في مجال الرقابـة وتتبـع الأنشـطة الاقتصاديـة لجماعـة الإخـوان، لكشـف طبيعـة علاقـة شبكات المـال الإخوانيـة بدعـم التطـرف والإرهـاب.

خاتمة

لم يعـد ثمـة شـك في الخطـر الـذي تشـكله جماعـة الإخـوان المسـلمين عـلى أوروبا والعالـم أجمع، عـلى الصعـد كافـة، السـياسية والفكريـة والاقتصاديـة والأمنيـة؛ فهـي تسـعى لبنـاء دولـة عابرة للقـارات، تضفـي عليهـا هالـة مـن القدسـية الدينيـة تحـت مسـمى «الخلافـة الإسلاميـة»، وتعتمـد في ذلـك عـلى اسـتراتيجيات واضحـة للتغلغـل في معظـم دول العالـم، والعمـل عـلى بنـاء مجتمعـات موازيـة فيهـا، وتوظـف في هـذا أيديولوجيـة عابـرة للحـدود لا تحـترم سـيادة الـدول، ولا تقـر بخصوصيتهـا الثقافيـة والاجتماعيـة والحضاريـة، وهـذا هـو السـبب الحقيقي في تنامـي حالـة القلـق الأوروبي والـدولي عمومـاً تجـاه الجماعـة ومـمارسـاتها المختلفـة، عـلى النحـو الـذي أظهرتـه الدراسـة، وهـو تطـور مهـم ينبغـي اسـتثماره أوروبيـاً وغربيـاً ودوليـاً وأممـياً في مواجهة الخطر الـذي تشكله الجماعـة عـلى الأمـن والسـلم الدوليين، خاصة بعد أن أثبتـت مـن خـلال أيديولوجياتهـا ومـمارسـاتها أنهـا تمثـل تهديـداً لقيـم التعايـش وقبـول الآخـر وتغـذي خطـاب العنـف والكراهيـة.

قائمة المراجع

باللغة العربية:

الكتب:

1. عبدالخالـق فـاروق، اقتصاديـات جماعـة الإخـوان المسـلمين في مـصر والعـالم، (القاهـرة: الهيئـة العامـة للكتـاب، 2015).

2. لورينـزو فيدينـو، الدائـرة المغلقـة: الانضـمام إلى جماعـة الإخـوان المسـلمين والانشـقاق عنهـا في الـدول الغربيـة، (أبوظبـي: مركـز ترينـدز للبحـوث والاستشـارات، 2020).

المقالات:

3. إبراهيـم غـالي، «دلالات تحقيـق بريطانيـا في أنشـطة جماعـة الإخوان»، مركـز المسـتقبل للدراسـات المتقدمـة، 8 إبريل 2014، على الرابـط: https://bit.ly/35fQIY9

4. «اتهامـات موثقـة بتمويـل الإرهـاب.. أخـيراً أوروبـا تتخـذ إجـراءات ضـد منظمـة الإغاثـة الإسـلامية الإخوانيـة العالميـة»، المعهـد الكنـدي للإسـلام الإنسـاني، 2021/1/25، عـلى الرابـط: https://bit.ly/3ryBy9D

5. أحمـد نظيـف، «الاخـتراق الـتركي للاتحـاد الأوروبي: مظاهـره وأهدافـه والسياسـات المضادة»، مركـز الإمـارات للسياسـات، 14 ينايـر 2021، عـلى الرابـط: https://bit.ly/3dTuPUq

6. «إخـوان بـوك.. النسـخة الإسـلامية مـن فيسـبوك»، موقـع ميـدل إيسـت أونلايـن، 25 أغسـطس 2010، عـلى الرابـط: https://bit.ly/360mEQY

7. أشرف العيسـوي، «وسـائل التواصـل الاجتماعي: تأثيرات متنامية وأدوار شـائكة في العالـم العربي»، مركـز ترينـدز للبحـوث والاستشـارات، 25 مارس 2021، عـلى الرابـط: https://bit.ly/3dVunVz

8. «الحكومـة البريطانيـة: الارتبـاط بالإخـوان مـؤشر محتمـل عـلى التطـرف.. لكـن الجماعـة لـن تُحظـر»، بي بي سي عـربي، 17 ديسـمبر 2015، عـلى الرابـط: https://bbc.in/2PwpjNW

9. «الخطـر الأكـبر.. أمـوال قطـر وتركيـا تتدفـق عـلى إخـوان أوروبـا»، موقـع تركيـا نيـوز 365، 1 يوليـو 2020، عـلى الرابـط: https://bit.ly/3sPtbHC

10. «الشـباب وقـود الإخـوان في أوروبـا بعـد ثـورة 30 يونيـو»، موقـع أخبـارك، عـلى الرابـط: https://bit.ly/3dRfCTB

11. إلهـان تانـير، «تركيـا أكـبر داعـم للإخـوان المسـلمين في العـالم»، موقـع أحـوال تركيـة، 31 مايـو 2019، عـلى الرابـط: https://bit.ly/3gz7F7s

12. «إهـمال أوروبي للبلقـان يحولـه إلى قاعـدة خلفيـة للإخـوان المسـلمين»، موقـع ميـدل إيسـت أونلايـن، 26 ينايـر 2021، عـلى الرابـط: https://bit.ly/3gEMDnO

13. ««إيـلاف» تكشـف خطـط الإخـوان لاخـتراق الـدول الإسـكندنافية»، موقـع إيـلاف، 22 مـارس 2017، عـلى الرابـط: https://elaph.com/Web/News/2017/3/1138892.html

14. «باحـث أوروبي يحـذر مـن نشـاط فـروع الإخـوان وتركيـا في القـارة العجـوز»، موقـع (AFN News)، 02 أغسـطس 2020، عـلى الرابـط: https://bit.ly/3nmOq2r .

15. «تقريـر للشـيوخ الفرنسي يحـذر مـن «الإخـوان» ويطالـب بحظرهـا»، بوابـة العين الإخباريـة، 10 يوليو 2020، عـلى الرابـط: https://al-ain.com/article/french-senat-brotherhood

16. جاسـم محمـد، «أدوات جماعـات الإسـلام السـياسي وآلياتهـا لتحقيـق أهدافهـا ومشروعاتهـا في أوروبـا»، مركـز ترينـدز للبحـوث والاستشـارات، 4 إبريـل 2021، عـلى الرابـط: https://bit.ly/3aBlfTN

17. جاسـم محمـد، «موقـف دول أوروبا مـن جماعة الإخـوان.. بريطانيـا»، موقـع المركز الأوروبي لدراسـات مكافحـة الإرهاب والاسـتخبارات، 23 مايـو 2019، على الرابط: https://bit.ly/3gpFpBF

18. جاسـم محمـد، «إبراهيـم الزيـات المسـؤول الأول لتمويـل جماعـة الإخـوان مـن ألمانيـا»، موقـع المركـز الأوروبـي لدراسـات مكافحـة الإرهـاب والاسـتخبارات، 16 يوليـو، 2019، عـلى الرابـط: https://bit.ly/3fhD0Yi

19. جـلال نصـار، «الإخـوان المسـلمون في أوروبـا: جماعـة ضـد الجميـع بدعـم تـركي»، موقـع The Asian، 21 ينايـر 2021، عـلى الرابـط: http://ar.theasian.asia/archives/38579

20. حسـام الحـداد، «مراكـز التنظيـم الـدولي لجماعـة الإخـوان في أوروبـا»، المركـز الأوروبـي لدراسـات مكافحـة الإرهـاب والاسـتخبارات، 9 فبرايـر 2020، عـلى الرابـط: https://bit.ly/2UHLdfV

21. حسـام الحـداد، «الإخـوان المسـلمون في تركيـا.. وهـم الخلافـة العثمانيـة في ثـوب إخـواني»، 13 أغسـطس 2014، عـلى الرابـط: https://www.islamist-movements.com/3205

22. «خـبراء وباحثـون: بنـاء الدولـة الموازيـة نهـج ثابـت لـ «الإخـوان» الإرهابيـة في مواجهـة الدولـة الوطنيـة»، صحيفـة الوطـن، الإمـارات، 22 أكتوبـر 2020. عـلى الرابـط: https://alwatan.ae/?p=693732

23. راغـدة بهنـام، «مخـاوف في ألمانيـا مـن ارتبـاط «الإغاثـة الإسلامية» بـالإخوان»، صحيفـة الـشرق الأوسـط، 24 نوفمـبر 2020، عـلى الرابـط: https://bit.ly/3wqlzOT

24. سـامي أبـو داود، «مـن بروتوكـولات جماعـة الإخـوان المسـلمين في الغـرب»، موقـع حفريـات، 1 مـارس 2018، عـلى الرابـط: https://bit.ly/2X8uinW

25. سـامي مبيـض، «جماعـة الإخـوان المسـلمين في أوروبـا: نظـرة عـلى علاقاتهـا غـير العلنيـة بالـشرق الأوسـط وشـمال أفريقيـا»، موقـع عـين أوروبيـة عـلى التطـرف، 17 ينايـر 2021، عـلى الرابـط: https://bit.ly/331iozH

26. سـعيد شـعيب، «هـل تنتبـه أوروبـا لخطـورة الدعـم الـتركي لجماعـة الإخـوان المسـلمين؟»، المركـز المصري للفكـر والدراسـات الاسـتراتيجية، 11 أكتوبـر 2020، عـلى الرابـط: https://www.ecsstudies.com/11562

27. سـمير كـرم، «الإخـوان المسـلمون وقـوة المـال»، صحيفـة الـشروق (مـصر)، 26 ديسـمبر 2012، عـلى الرابـط: https://bit.ly/3gP30hU

28. سـنان مـارت، «الإخـوان وأردوغـان.. توافـق فكـري أم تحالـف براغـماتي بلبـاس كهنـوتي؟»، موقـع تركيـا الآن، 9 ديسـمبر 2020، عـلى الرابـط: https://bit.ly/3tRCacF

29. صـلاح الديـن حسـن، «إطاحـة «مـرسي» تشـلّ قـدرات التنظيـم الـدولي للإخـوان (4-4)»، موقـع حفريـات، 29 مايـو 2015، عـلى الرابـط: https://bit.ly/3ksseS7

30. طـارق دحـروج، «الجغرافيـا السياسـية لجماعـة الإخـوان في أوروبـا»، موقـع بوابة الأهـرام، بـدون تاريـخ، عـلى الرابـط: https://bit.ly/3t0G9lN

31. عبدالرحمـن شـلبي ومحمـد عـلي زيـدان، ««الإخـوان» تديـر إمبراطوريـة ماليـة خفيـة رأسمالها 100 مليـون إسـترليني ببريطانيا وسـويسرا»، 7 إبريـل 2014، موقـع هـات بوست، عـلى الرابـط: https://bit.ly/2SIXyjv

32. عـلي رجـب، «اقتصـاد التنظيـم الـدولي وكورونـا.. مـا هـو مصـير أمـوال الإخـوان في العـالم؟»، بوابة الحـركات الإسـلامية، 4 إبريل 2020، عـلى الرابـط: https://bit.ly/3eQnJyo

33. «فرنسـا: تقريـر لمجلـس الشـيوخ يحـذر مـن «التطـرف الإسـلامي» المتزايـد في البـلاد»، موقـع فرانـس 24، 9 يوليـو 2020، عـلى الرابـط:https://bit.ly/2J5kibJ

34. «في النـدوة الأخيـرة لـ «منتـدى تريـندز السـنوي الأول حـول الإسـلام السـياسي»، خـبراء وباحثـون يؤكـدون ضـرورة العمـل عـلى تجفيـف منابـع إمبراطوريـة الاقتصـاد الإخـواني»، مركـز تريـندز للبحـوث والاستشـارات، 26 ديسـمبر 2020، عـلى الرابـط: https://bit.ly/3vrvnH1

35. ماغنـوس نوريـل، «نفـوذ أردوغـان في أوروبـا: دراسـة حالـة مـن السـويد»، موقـع الحـرة، 6 يونيو 2020، عـلى الرابـط: https://arbne.ws/3gFyuqn

36. محمـد خلـف، «الجماعـة الغامضـة: الإخـوان المسـلمون في أوروبـا 3/3.. جماعـة «رؤيـا الملـة» في ألمانيـا، موقـع درج، 30 مايـو 2018، عـلى الرابـط: https://daraj.com/5343

37. «مـا هـي دوافـع الرئيـس الفرنسـي لانتقـاد «النزعـات الانعزاليـة» للمسـلمين؟»، موقـع بي بي سي عـربي، 4 أكتوبـر 2020. عـلى الرابـط: https://www.bbc.com/arabic/interactivity-54411217

38. نيفـين مسـعد، «ماكـرون والصحـوة الجمهوريـة»، صحيفـة الأهـرام، القاهـرة، 10 أكتوبـر 2020. عـلى الرابـط: https://gate.ahram.org.eg/News/2501756.aspx

39. نهلـة عبدالمنعـم، «كورونـا.. مدخـل «إخـوان أمريـكا» لمضاعفـة أمـوال التبرعـات»، موقـع المرجـع، 9 مايـو 2020، عـلى الرابـط: https://bit.ly/2CwB1le

40. هاشـم صالـح، «خطـة السـيطرة عـلى العـالم»، صحيفـة الاتحـاد، 7 ديسـمبر 2017، عـلى الرابـط: https://bit.ly/3ntxw24

41. وائـل صالـح، «لمـاذا تتعاطـف دوائـر عديـدة في الأكاديميـا الغربيـة مـع الإسـلاموية؟ هـل تتوافـق الإسـلاموية مـع المواطنـة والعيـش المشـترك؟»، مؤمنـون بـلا حـدود، 1 فبرايـر 2021، عـلى الرابـط: https://bit.ly/2S7TGeH

42. يوسـف لهـلالي، «مواجهـة بـين رئيـس فرنسـا ورئيـس المجلـس الفرنسـي لديانـة الإسـلامية»، موقـع أنفـاس بريـس، 18 مـارس 2018، عـلى الرابـط: https://www.anfaspress.com/index.php/news/voir/36646-2018-03-18-01-30-34

باللغة الأجنبية:

1. Anita Breuer, "Media experiences and communication strategies of the Egyptian Muslim Brotherhood from 1928 to 2011: A brief historical overview", Forschungsjournal Soziale Bewegungen, https://bit.ly/34VLUbN

2. Atmane Tazaghart, Muslim Brotherhood, a European danger, global watch analysis, https://bit.ly/2VNaA1j

3. As quoted in Caroline Fourest, Brother Tariq: The Doublespeak of Tariq Ramadan (New York City: Encounter, 2008). Page 103

4. Charlotte LARROCHE, Le développement du marché halal en France, Inseec de Bordeaux, Master de Marketing 2015, p 6.

5. Counter Extremism Project (2020). Tech & Terrorism: Officials Call for Ban Of 'Euro Fatwa' App Created by Muslim Brotherhood. https://www.counterextremism.com/press/tech-terrorism-officials-call-ban-%E298%80%euro-fatwa%E299-%80%app-created-muslim-brotherhood

6. Daniel Rickenbacher The Muslim Brotherhood in Switzerland — The First Decades, European Eye on Radicalization, 6 June 2019, https://bit.ly/2KELQSN

7. Daisy Lester, "President Macron says Islam 'in crisis all over the world', prompting backlash", Independent, 02 October 2020. https://www.independent.co.uk/news/world/europe/macron-france-islam-speech-seperatism-religion-b746835.html

8. Del Valle, A. and Razavi, E. (2019). Le Projet: La stratégie de conquête et d'infiltration des frères musulmans en France et dans le monde. French, ARTILLEUR.

9. Douglas Farah, The Little Explored Offshore Empire of the International Muslim Brotherhood, the International Assessment and Strategy Center, April 18th, 2006, https://bit.ly/30xSGAX

10. Federal Ministry of the Interior (Germany) (2018) Brief Summary. 2018 Report on the Protection of the Constitution. Facts and Trends. https://www.verfassungsschutz. de/en/download-manager/_annual-report-2019-summary.pdf

11. M. Shahbandeh, Global market value of halal food 20172023-, Jun 29, 2018, https://bit.ly/2OLP5cV

12. Mastercard-CrescentRatingHalal Travel Frontier 2020, January 2020, https:// bit. ly/3hiubhQ

13. Meriboute, Z. (2014). International Development Policy. Revue internationale de politique de développement. http://journals.openedition.org/poldev/1833

14. Stockholm's administrative court, Case 138319-, October 31, 2019.

15. Rami Dabbas, Muslim Brotherhood's secret plan to undermine Germany exposed, May 18, 2020, https://bit.ly/3cYMPdb

16. Rapport N° 595, Radicalisation islamiste : faire face et lutter ensemble Tome I : Rapport, enregistré à la Présidence du Sénat, le 7 juillet 2020, http://www.senat.fr/ rap/r191-595-/r1910-595-.html

الدكتور فتوح هيكل

يشغل الدكتور فتوح هيكل منصب مدير الأبحاث والمستشار السياسي لترينـدز للبحوث والاستشارات، وهو باحث رئيسي متخصص في الشؤون السياسية والاستراتيجية، ولديه خبرة مهنية تتجاوز الـ 20 عاماً عمل خلالها في عدد من مراكز البحوث والدراسات الاستراتيجية في منطقة الشرق الأوسط. وهو مهتم بقضايا أمن الخليج، والتطرف، والإرهاب، والشؤون العربية والإقليمية. وقد نُشر له عدد من الكتب والدراسات من بينها: كتاب «التدخل الدولي لمكافحة الإرهاب وانعكاساته على السيادة الوطنية»، الذي أصدره له مركز الإمارات للدراسات والبحوث الاستراتيجية عام 2014. كما أصدر له مركز الخليج للدراسات والبحوث الاستراتيجية في أكتوبر 2005 مع مجموعة مؤلفين كتاب «المجتمع المدني في دول مجلس التعاون الخليجي»، بالإضافة إلى العديد من الدراسات والمقالات التي نُشرت له في عدد من الدوريات والمواقع الإلكترونية المتخصصة.

الدكتور أشرف العيسوي

الدكتور أشرف العيسوي، باحث خبير في الشؤون الخليجية، ويشغل منصب المستشار الإعلامي لترينـدز للبحوث والاستشارات. عمل في العديد من مراكز الدراسات والبحوث الخليجية والعربية، ومهتم بالقضايا الأمنية والاستراتيجية، وله العديد من الكتب أبرزها: «السياسة الأمريكية تجاه النظام الإقليمي الخليجي بعد أحداث الحادي عشر من سبتمبر»، و«قراءة مقارنة في تأثير حربي الخليج الأولى والثانية على أمن دول مجلس التعاون الخليجي»، و«انعكاسات أحداث الحادي عشر من سبتمبر على أمن دول مجلس التعاون الخليج العربية». كما يكتب بانتظام في العديد من الدوريات العلمية المحكمة.

الدكتور وائل صالح

الدكتور وائل صالح باحث رئيسي في برنامج دراسات الإسلام السياسي في تريندز للبحوث والاستشارات، وهـو عضـو مشـارك في معهد الدراسـات الدولية بجامعـة كيبيك في مونتريال (UQAM) ومستشار رئيسي للأبحـاث في معهد الدراسات الدينية بجامعـة مونتريال. وكان قد حصل على درجة الماجستير في العلـوم السياسـية التطبيقيـة عـام 2011 بتقديـر امتيـاز مـن جامعـة شـيربروك في كنـدا، ثـم نـال درجـة الدكتوراه في العلوم الإنسانية التطبيقيـة (تخصص دقيق: علوم سياسية ودراسات إسلامية) عـام 2016 بمرتبـة الـشرف الأولى، مـن جامعـة مونتريـال في كنـدا. والدكتور وائـل صالح هـو المدير والمؤسس المشارك لمعهد دراسات ما بعد الربيع العربي (IEPPA) أيضاً، منذ مايو 2017. وباحـث مشـارك بكـرسي راؤول دنديـرون للدراسـات الاستراتيجية والدبلوماسـية بجامعـة كيبيـك في مدينـة مونتريـال بكنـدا منـذ عـام 2013. وهـو أيضـاً كبـير الباحثين في معهد الدراسـات الدينيـة بجامعـة مونتريـال في كنـدا. كمـا يتـولى منصب مدير وحدة التحديات المعرفية والمنهجية في دراسات التطرف باسـم الإسـلام في إطار البرنامـج الجامعـي لدراسـة الإسـلام في أوروبا (Pluriel)، بمدينـة ليـون الفرنسـية منـذ عـام 2017، كمـا تـم انتخابـه عـام 2021 عضـواً في مجلـس إدارة تلـك المنصة الجامعيـة.

مـن كتبـه المنشـورة: «الإسلام السـياسي في زمـن مـا بعد الربيع العربـي: هـل دخلنـا عصر مـوت الإسلاموية؟» (2017)؛ «مفهـوم الدولة في الفكر المـصري الحديـث والمعـاصر: مـا بـين التواصـل والتغـير والقطيعة» (2017)؛ «في البحـث عـن حداثـة في الإسلام: طـرق عربيـة معاصرة» (2018). وتتمحور دراسـاته العلمية المنشورة حول: نقـد وتفكيـك الخطـاب الإسلامـوي والخطـاب المتعاطـف معـه؛ التطـرف المـؤدي إلـى: ف ، باسـم الإسـلام؛ الفكر العربـي الإسلامـي المعـاصر. يكتـب بشـكل منتظـم في كلِّ مـن: «العيـن الإخباريـة»؛ و«مؤمنـون بـلا حـدود»؛ و«أصـوات أونلايـن». والدكتـور وائـل صالح هـو حاليـاً باحث زائر بمركز تريندز للبحوث والاستشارات.

خالد أحمد عبد الحميد

يشـغل خالـد أحمـد عبـد الحميـد منصب مدير إدارة دراسـات الإسلام السـياسي في تريندز للبحـوث والاستشـارات، ويمتلـك خـبرة مهنيـة تتجـاوز الــ 20 عامـاً، عمـل خلالهـا في عـدد مـن مراكـز البحـوث والدراسـات. بـدأ حياتـه المهنيـة باحثًـا لـدى الهيئـة العامـة للاستعلامات المصريـة، وباحثًـا غـير مقيـم

في المركـز الدبلومـاسي للدراسـات الاسـتراتيجية بالكويـت – فـرع القاهـرة، ثـم انتقـل للعمـل لـدى مركـز الإمـارات للدراسـات والبحـوث الاسـتراتيجية. ويعمـل الآن باحثًا متخصـص في الشـؤون السياسـية والاسـتراتيجية لـدى مركـز ترينـدز للبحـوث والاستشـارات. صـدر لـه العديـد مـن الدراسـات والمقـالات والتقاريـر التـي تتعلـق بالشـؤون الخليجيـة والعربيـة والدوليـة تـم نشرهـا في عـدد مـن المجـلات والدوريـات السياسـية المتخصصـة.